# EMAGREÇA
## com bom humor

LAROUSSE

# EMAGREÇA
## com bom humor
### SINTA-SE ÓTIMO ENQUANTO PERDE PESO!

Susan M. Kleiner – PhD em nutrição
Bob Condor

*Tradução*
Ana Carolina Mesquita
Gustavo Mesquita

LAROUSSE

Título original: *The Good Mood Diet: Feel Great While You Lose Weight*
Copyright © 2007 by Susan M. Kleiner, PhD, e Bob Condor
Copyright © 2007 Larousse do Brasil

**Edição brasileira**

*Direção editorial*
Soraia Luana Reis

*Editor assistente*
Isney Savoy

*Assistência editorial*
Leila Toriyama

*Coordenação*
Estúdio Sabiá

*Edição*
Silvana Salerno

*Preparação de texto*
Nina Rizzo

*Revisão*
Diego Rodrigues e Naiara Raggiotti

*Diagramação e projeto gráfico*
Pólen Editorial

*Capa*
Sart/Dreamaker Brand & Design

*Gerente de produção*
Fernando Borsetti

---

Dados Internacionais de Catalogação na Publicação (CIP)
(Câmara Brasileira do Livro, SP, Brasil)

---

Kleiner, Susan M.
   Emagreça com bom humor / Susan M. Kleiner, Bob Condor ; [tradução Ana Carolina Mesquita, Gustavo Mesquita]. – São Paulo : Larousse do Brasil, 2007.

   Título original: The good mood diet
   ISBN 978-85-7635-190-0

   1. Dietas de emagrecimento – Obras de divulgação 2. Dietas de emagrecimento – Receitas 3. Emagrecimento – Obras de divulgação 4. Hábitos alimentares – Obras de divulgação I. Condor, Bob. II. Título.

06-9705                                                                CDD-613.25

Índices para catálogo sistemático:
1. Dietas de emagrecimento : Promoção da saúde
613.25

---

1ª edição brasileira: 2007
2ª reimpressão: 2007

Direitos de edição em língua portuguesa para o Brasil adquiridos por
**Larousse do Brasil Participações Ltda.**
Rua Afonso Brás, 473, 16º andar – São Paulo/SP – CEP 04511-011
Tel. (11) 3044-1515 – Fax (11) 3044-3437
E-mail: info@larousse.com.br
Site: www.larousse.com.br

# Sumário

Sinta-se bem enquanto perde peso — 8

**1** Alimentos que dão bem-estar — 20

**2** Alimentos que causam mal-estar – uma lista breve — 41

**3** A dieta da boa disposição: cardápios para duas semanas — 51

**4** A cozinha da boa disposição — 80

**5** Dieta a tiracolo — 90

**6** Fatores primordiais: exercícios e descanso — 96

**7** Embalo da disposição: não perca o ritmo — 107

**8** Receitas para se sentir bem — 111

**Apêndices**
   Grupos de alimentos que proporcionam bem-estar — 152
   O açúcar embutido nos alimentos industrializados — 158

*Para Jeff, Danielle e Ilana, com amor.*
SMK

*Para Mary, Lana e Arthur. Ontem, hoje e sempre.*
BC

# Sinta-se bem enquanto perde peso

É estranho um autor pedir isso na primeira página de um livro, mas quero que você pare de ler depois desta pergunta: como está se sentindo neste momento? Pare e pense na pergunta.

Como está se sentindo?

Não tenha pressa. Observe como está seu corpo. E a sua disposição. Como se sentiu ao acordar esta manhã? E ontem pela manhã? Você percebe como se sente?

Se você é como a maioria das pessoas, provavelmente não dá muita atenção a isso. Uma vida ocupada e cheia de responsabilidades não dá tempo para a pessoa parar e se ouvir. Cansaço... e você vai ao trabalho do mesmo jeito. Sente dores... dá-se um jeito. Tem fome... engole qualquer coisa, mesmo que não seja bom nem gostoso. Tristeza... come alguma coisa reconfortante, talvez consulte um médico para pedir uma receita de antidepressivo. Felicidade... isso é transitório, mas nós aproveitamos esse estado de espírito sempre que podemos.

Existe, porém, uma grande exceção. Sabemos exatamente quando nos sentimos gordos, o que talvez aconteça na maior parte do tempo. E o que fazemos? Começamos uma dieta. Em geral, não importa o quanto isso nos faça sentir mal, desde que percamos peso. Certo?

Errado. Este livro trata da resposta à minha pergunta. Vou mostrar como é possível se sentir bem durante o processo de emagrecimento e como as refeições e os lanches podem interferir na disposição e propiciar bom humor – sempre.

Este plano funciona porque faz você se sentir melhor enquanto segue a dieta. Você terá boa disposição, seu humor vai melhorar, sua energia vai dar um salto e ao mesmo tempo não sentirá nem fome nem irritação por não comer o que gosta.

A verdade é que nem vai perceber que está de dieta. Muitos dos meus clientes precisam se adaptar a comer mais, não menos.

Como nutricionista, trabalhei com centenas de pessoas. Gente de todo tipo, de jogadores profissionais de futebol americano a profissionais ou pais ocupados, e até a minha própria mãe. Vamos começar por Jennifer Lail.

Quando a conheci, ela lutava contra o desânimo e a autocrítica – algo que é muito comum. Depois de seguir por alguns dias esta dieta, ela afirma ter deixado para trás uma vida de dúvidas em relação a si própria.

"Tenho 35 anos e sempre fui bonita, saudável e ativa", diz Jennifer, que trabalha no ramo da habitação sustentável em Seattle. "Mas a preocupação com a aparência sempre interferiu na minha vida. Agora não penso mais nisso. A minha autocrítica e negatividade simplesmente se transformaram numa atitude positiva em relação à vida."

Jennifer perdeu 5 quilos e diminuiu um manequim em 12 semanas, alcançando seu objetivo inicial. Cinco outros clientes perderam um total de 28 quilos nos três primeiros meses, mais do que meio caminho em direção à realização das suas metas pessoais de longo prazo.

No caso de Jennifer, ela deixou de "combater uma depressão constante". Os sintomas depressivos desapareceram completamente desde que passou a seguir a dieta.

Em uma semana.

"Eu voltava do trabalho todas as noites faminta e irritada", diz Jennifer, que havia tentado várias dietas, sem nunca conseguir mantê-las, até começar o meu plano alimentar. "Agora fico feliz em esperar pela janta."

Jennifer desfrutou benefícios quase que imediatos. Vislumbrou esperança depois de apenas **um dia** experimentando um padrão alimentar diferente, que não demandou muito esforço para ser seguido. Em menos de **uma semana** ela já não se sentia deprimida. Perdeu 3 quilos em **um mês** e não espera recuperar o peso perdido. Por quê? Porque diz que consegue "perder peso e se sentir normal" com a dieta. Prova disso é que Jennifer perdeu 11 quilos durante o seu primeiro ano seguindo o modo de vida deste plano.

"Adoro comidas gostosas! O mais impressionante nesse plano é que honestamente nunca sinto uma fome que não possa ser saciada com um lanche ou uma refeição da dieta", diz ela. "O ato de escolher alimentos que me façam bem em vez daqueles que fazem mal já se incorporou à minha vida."

Jennifer faz uma pausa e sorri: "Além disso, ainda posso tomar uma taça de vinho com os amigos".

A experiência de Jennifer segue um padrão que conheço bem. Já perdi a conta das vezes que clientes me ligaram ou enviaram *e-mails* para dizer como estão se sentindo "ótimos" e "com muito mais energia em casa e no trabalho".

No decorrer deste livro, torno esta dieta "real", para que você possa incorporá-la à sua rotina diária – e não o contrário. Nos 14 dias de cardápios apresentados no capítulo 3, por exemplo, estão inseridas observações que exploram assuntos como o melhor momento para tomar um coquetel de frutas quando se almoça fora ou para incluir pizza na dieta.

E chocolate também!

Vamos falar da vida real. Quando apresentei esta dieta para um grupo de cerca de 350 pessoas em Cleveland, notei um certo incômodo ante a recomendação de comer peixe cinco vezes por semana; de preferência peixes de água fria, como sardinha, anchova, atum e salmão. As pessoas acreditavam que seria difícil encontrar peixe fresco, isso sem falar no preço. Vamos falar mais sobre o motivo pelo qual esses peixes são alimentos sensacionais para a disposição e para o cérebro, mas a minha resposta para esse grupo foi a de que cinco refeições com peixe por semana é o objetivo – sugiro muitas maneiras de acrescentar atum em lata às refeições sem gastar muito –, mas se comerem esses peixes apenas duas vezes por semana, serão duas vezes por semana que vão turbinar a sua disposição com ômega-3.

Você também pode comer badejo e linguado, ao invés de salmão e atum (veja mais detalhes no capítulo 1); essa opção ainda é mais saudável e fornece mais ômega-3 do que um hambúrguer ou uma costeleta de porco. Mas a vida real faz parte deste regime, assim como hambúrgueres e costeletas de porco. A carne de porco, inclusive, é uma grande fonte de vitaminas do complexo B, que controlam o estresse, e do neurotransmissor colina, que estimula o metabolismo cerebral.

Esta dieta revolucionária foi desenvolvida baseada em 25 anos de experiência profissional como nutricionista. Já trabalhei com equipes de atletas profissionais, altos executivos e cerca de mil mães com filhos pequenos e maridos tentando retardar a meia-idade.

## Sinta-se melhor hoje do que ontem

Por que esta dieta dá bom humor? Porque ela melhora a disposição e reabastece a energia. Isso é mais duradouro do que a perda de peso. Em dietas restritivas as pessoas podem até perder peso, mas também perdem o pique. Este é um plano com o qual você pode viver – feliz – por toda a vida. Seu foco são os alimentos que deve comer, não aqueles que não pode comer.

"Como a maioria das pessoas, pensava que para perder peso era necessário reduzir drasticamente a ingestão de calorias", diz Sherry Bencetic, uma cliente de 40 anos de idade que mora em Pittsburgh. "Mas este programa alimentar me mostrou que não conseguimos alcançar os resultados desejados se não ingerirmos uma quantidade de calorias suficiente para abastecer o corpo com energia."

O que me anima são as pessoas que rapidamente mudam o foco do emagrecimento para a conquista de boa disposição, energia e vitalidade. Elas me dizem: "Sinto-me muito bem! Estou mais desperto e vivo e, além disso, perdi 4 quilos!"

A maioria das dietas, infelizmente, provoca mudanças químicas no cérebro que geram depressão. Os regimes mais comuns cortam muito as calorias; a quantidade de calorias diárias que permitem supre o gasto de energia de um pombo – não o de uma pessoa adulta.

Essa é uma grande diferença do meu plano: os participantes comem o que eu chamo de "alimentos que dão bem-estar" no tempo certo e na combinação ideal. Nas horas seguintes ao despertar, você fará uma refeição, ou lanche, a cada duas ou três horas. Antes de dormir, beberá um chocolate quente para estimular o sono e satisfazer o desejo de comer alguma coisa. Muitas pessoas dizem que essa xícara de chocolate quente torna-se um ritual reconfortante que compartilham com o companheiro.

Várias pessoas que começam a dieta dizem que seu desafio passa a ser se alimentar bem durante o dia. Veja se isso soa familiar: o adulto típico se acostumou a não tomar café-da-manhã, estar atarefado durante o almoço ou escolher alternativas *light* (como a odiada e melancólica salada com molho *light* e mais nada) e sentir muita fome durante o jantar. Com isso, come demais na hora errada. O meu plano o incentiva a nunca sentir fome, o que mantém o equilíbrio emocional durante o dia.

Os seus níveis de energia vão disparar dentro de alguns dias. Essa não é uma simples promessa, eu garanto!

## Tudo se relaciona ao bem-estar

Por que é necessário que uma pessoa se sinta mal, castrada e deprimida, ao fazer dieta? É possível sentir-se bem durante o processo de emagrecimento. Ou melhor, *muito* bem.

"Estou ótima!", conta Felicity Mansaranez, uma enfermeira de 31 anos, menos de um mês depois de ter iniciado o programa. "E, por mais estranho que possa parecer, sinto-me mais paciente."

Felicity mudou de emprego nas primeiras semanas após começar a dieta. Ela se ajustou, sem problemas, a um horário de trabalho, que começa às 6 da manhã, três vezes por semana. Nas outras manhãs, ela continua acordando cedo para acompanhar um vídeo de aeróbica ou para ir à aula de *kickboxing*.

"Eu me sinto bem, e as minhas costas, o meu ponto fraco, não têm me incomodado", diz ela.

Durante o primeiro ano da dieta, Felicity se apaixonou, e ficou noiva apenas 13 meses depois de iniciar o programa. Nessa área eu não garanto nada, mas Felicity é a primeira a reconhecer que está mais feliz do que nunca. "O principal benefício é a energia", ela afirma. "O meu nível de estresse caiu consideravelmente, ou talvez a minha habilidade para lidar com o estresse tenha aumentado. Eu me beneficiei tanto da dieta quanto do aumento no volume de exercícios. Planejo continuar seguindo o programa, sem dúvida."

Algumas palavras sobre exercícios. Acredito que ninguém perde peso e, o que é mais importante, mantém a forma, sem ser fisicamente ativo. Quando me perguntam que percentual de perda de peso é decorrente da dieta e que percentual é de exercícios, fico tentada a responder 50/50 ou coisa parecida. Mas, sinceramente, a resposta é 100/100. Você terá grande sucesso quando se dedicar 100 por cento em ambas as áreas.

## Não é uma dieta do tipo "ou tudo ou nada"

Qualquer mudança, como ingerir uma xícara de chocolate quente à noite, ou combinar proteínas, carboidratos e gorduras saudáveis nas refeições, irá melhorar a sua disposição e nutrir o seu cérebro. Você sentirá a diferença e, como acontece com quase todos os meus clientes, procurar outras formas de manter o nível de disposição. Esse é um ponto importante e tem um grande valor, principalmente quando a vida fica estressante.

## Para começar, recomendo um exercício que literalmente se encaixa na sua vida – estabelecer a meta de 10 mil passos por dia

Os pedômetros são aparelhos usados para contar passos, algo que será abordado em mais detalhes no capítulo 6. O americano típico anda cerca de 6 mil passos por dia, então tudo que eu peço são 4 mil passos a mais, na maioria dos casos. Até as pessoas mais sedentárias dão cerca de 3 mil passos por dia. Alcançar a meta de 10 mil passos na maioria dos dias terá um impacto direto na forma como você perde – e mantém – o peso.

## Você se sentirá mais descansado, e isso não é pouco

O sono e o descanso geralmente não recebem muita atenção nos livros de dieta. Mas as pesquisas mostram que não dormir bem tem o poder de sabotar a meta de perda de peso. E aqui vai o motivo: o corpo entra no modo de sobrevivência quando não descansa o suficiente, um efeito residual das nossas raízes pré-históricas. O cérebro e o corpo presumem que existe algum tipo de perigo ou ameaça iminente – e tudo porque você quis assistir ao filme que passou tarde da noite na TV.

Praticamente todos as pessoas relatam que após começar a dieta se sentem muito mais energizadas. Quem tem filhos pequenos encontra disposição para ficar acordado e conversar com o companheiro depois que as crianças vão para a cama. Um bom número de mães estendeu o plano para toda a família. As crianças adotam uma alimentação mais saudável, há menos discussão em casa e a birra desaparece com a mesma rapidez que a depressão. Uma das minhas clientes, cujo filho costumava dar espetáculos de birra em público, disse que isso simplesmente havia terminado depois de um mês seguindo o programa.

## O problema da maioria das dietas é que grande parte delas causa mudanças químicas no cérebro que provocam depressão

Em geral, os programas de emagrecimento são pobres demais em calorias para abastecer um adulto com energia suficiente para que tenha uma vida de qualidade. Esses cardápios não suprem a quantidade de energia necessária e são carentes de alimentos que oferecem bem-estar imediato e melhoram a disposição. Você é proibido de comer esses alimentos – inclusive os carboidratos, que caíram em desgraça. É impedido de comer justamente os alimentos que melhoram a disposição e dão energia para enfrentar o dia. Que tal?!

Observação para aqueles que adoram cereais no café-da-manhã: vocês vão gostar de saber que eles são parte integrante e regular do meu programa – e funcionam até como um lanche.

Pessoalmente, sou fã incondicional de flocos de trigo no café-da-manhã, mas sinta-se à vontade para escolher outro tipo de cereal (no capítulo 4 apresento dicas para as compras). Existe uma variedade incrível de cereais integrais deliciosos e ricos em fibras, como flocos de arroz, milho etc.

## Combine carboidratos, proteínas e gorduras. Sempre

Uma estratégia central deste programa é combinar os *macronutrientes*. Uma maçã no lanche da tarde, por exemplo, precisa ser equilibrada com proteínas e gorduras (nozes e castanhas, ou uma fatia de queijo branco), que complementam os carboidratos da fruta. O cérebro e os músculos absorvem com avidez o suplemento protéico em pó contido em uma vitamina no meio da manhã – ou a proteína de uma omelete de claras – e depois usam essas proteínas para ficar ainda mais ativos.

Os meus clientes sempre se certificam de que não estão ingerindo apenas carboidratos. Acrescentar sementes de linhaça moídas à refeição matinal, por exemplo, melhora a disposição quase que instantaneamente.

Gorduras sadias são gorduras boas. Temperar com azeite uma salada ou um sanduíche de peito de peru faz maravilhas pelo estado emocional.

Sherry Bencetic afirma que essa combinação de alimentos ajudou-a a eliminar os quilos que sempre tentou perder mas nunca havia conseguido. Ela emagreceu 3,5 quilos em oito semanas e reduziu o percentual de gordura corporal de 24,5 para 20 por cento nesse período. "Sou uma daquelas mulheres que lutam há anos para perder aqueles últimos 4 quilos", diz ela. "Contratei um *personal trainer* e tentei todo tipo de dieta, mas nunca consegui. Este programa me ensinou a importância de ingerir a combinação certa de alimentos no momento certo do dia. Estou convencida de que foi isso que me ajudou, finalmente, a perder os quilos que eu tanto queria."

## A boa disposição é o elemento principal para a perda de peso

Não importa quais sejam os objetivos dos meus clientes, sempre mantenho o foco na disposição, algo que simplesmente é negligenciado na maioria das dietas. Pessoas que seguem regimes com alta concentração de proteínas, por exemplo, perdem a maior parte do peso nas primeiras semanas ou meses, mas a longo prazo ficam irritadas e impacientes. Então saem da dieta e recuperam os quilos perdidos, muitas vezes até mais. Sou definitivamente contra refeições ou lanches que eliminem ou reduzam drasticamente a ingestão de carboidratos, mas defendo ingestões consideráveis de proteínas magras (cerca de 30 por cento das calorias ingeridas diariamente).

Os meus clientes e os seguidores desta dieta consomem cerca de 40 por cento de carboidratos e 30 por cento de gorduras. Os carboidratos são de alimentos saudáveis, principalmente frutas, legumes e cereais integrais, em vez de produtos industrializados cheios de açúcar. A eliminação do açúcar embutido nos alimentos industrializados é uma estratégia central tanto para o aumento da disposição quanto para a perda de peso.

Os doces não são um tabu neste programa. Mas aconselho a adoção da abordagem "coma apenas se amar". Se você adora tortinha de morango, coma uma – mas dispense a borda, a não ser que esteja fabulosa.

## Até atletas profissionais têm fissura por doces

Quando comecei a trabalhar com o astro do futebol americano Matt Hasselback, ele tomava meio litro de sorvete e era alvo de gozações dos companheiros do time por comer quatro e até cinco barras de chocolate durante as viagens. Matt não estava brigando com a balança, mas não se sentia em plena forma. O objetivo dele era ganhar massa muscular.

Eu e Matt criamos um programa que permitia uma porção generosa de sorvete todas as noites. Depois de pouco mais de uma semana ele me ligou com uma notícia e um pedido. "Estou me sentindo muito bem", disse ele. "Até perdi a fissura por sorvete. Que outros lanches mais saudáveis posso comer à noite?"

## O programa trabalhará por você

Há muitos motivos pelos quais o meu programa e este livro vão ajudá-lo a alcançar suas metas de emagrecimento, além de fazer com que se sinta bem e continue se sentindo assim. Se o seu objetivo é melhorar o desempenho no trabalho ou nos esportes, o programa o ajudará a alcançá-lo, em parte porque ele estimula uma melhoria nos seus relacionamentos e em parte por fornecer a energia necessária para você perseguir seus sonhos. Veja alguns dos motivos que me fazem garantir que o meu programa vai transformá-lo:

*O programa tem um motivador poderoso: sentir-se bem enquanto emagrece*
A perda de peso é um grande motivador para começar uma dieta, mas isso não basta para seguir o regime por mais tempo. A forma como você se sente é algo muito mais forte. A maioria das dietas de emagrecimento é inerente-

mente depressiva. Então você passa a segui-las diligentemente, sente-se mal e abandona a dieta; recupera todo o peso e sente-se pior ainda. O bem-estar faz parte do meu programa. Se você se sentir bem, continuará seguindo o programa, e, se precisar emagrecer, emagrecerá.

*O programa funciona de acordo com uma premissa científica: existem alimentos que dão bem-estar e alimentos que causam mal-estar*
Analisaremos os alimentos que dão bem-estar no capítulo 1 e os alimentos que causam mal-estar no capítulo 2, mas, para começar, menciono alguns dos alimentos mais poderosos que dão boa disposição: peru, leite, cacau em pó, ovos, peixe, café (1 a 2 xícaras antes do meio-dia), carne de porco magra, morango, amora, pipoca, laranja, azeite e sementes de girassol.

Os alimentos que causam mal-estar são aqueles que geralmente nos dão alguma gratificação imediata do ponto de vista do prazer, mas nos fazem sentir mal a longo prazo. É uma lista breve que inclui álcool e cafeína em grandes doses (que podem fazer parte da lista oposta se forem consumidos com moderação), frituras, carnes gordas, lanchinhos gordurosos e açúcar contido nos alimentos industrializados.

*As duas primeiras semanas da dieta têm um impacto tão poderoso na sua disposição que você não vai querer voltar a se sentir como antes*
As duas primeiras semanas eliminam os alimentos que causam mal-estar e oferecem muitas opções de alimentos que dão bem-estar. Os planos de cardápios são baseados nas necessidades de homens e mulheres com compleição e nível de atividade diferentes: 1.600, 1.800 ou 2.200 calorias – veja as orientações completas no capítulo 3. Há uma abstinência de duas semanas de álcool que inicialmente incomoda algumas pessoas, mas que rapidamente se transforma em um ponto positivo do programa.

Elas passam, por exemplo, a ter mais consciência do próprio corpo, a perceber como o álcool interfere nos relacionamentos e até de como essa redução interfere nas despesas.

A sua recompensa por essas duas primeiras semanas? O chocolate meio-amargo e o vinho tinto passam a fazer parte do plano.

*Você não precisa ser perfeito, nem chegar perto disso*
Consumir alimentos que dão bem-estar é a estratégia central deste programa – e não evitar alimentos. Mesmo se você "escorregar" nas suas metas, não deixe de incluir alimentos que dão bem-estar em todas as refeições para aumentar a sua disposição. E, o que é incrível: você perderá peso naturalmente à medida que incorpora o vinho tinto e o chocolate ao seu dia-a-dia.

Não se trata de eliminar os alimentos que você adora, mas de apreciá-los mais.

# 1
# Alimentos que dão bem-estar

Proponho uma mudança na alimentação que certamente você irá adorar. Este plano enfatiza quais alimentos ingerir todos os dias, e não quais evitar. Ao ingerir os "alimentos que dão bem-estar", você mudará sua forma de pensar na comida – não irá mais se negar ao prazer de comer.

Veja o caso de Patrick D'Amelio, 40 anos, diretor-geral da Big Brothers Big Sisters em Seattle e Tacoma. Captador de recursos de sucesso e membro destacado da sua comunidade, Patrick é visto por muitos como um líder. Mas, na vida pessoal, ele se debatia com problemas. Estava cerca de 30 quilos acima do peso e não se sentia 100 por cento nem física, nem mental, nem espiritualmente. Temia que seus anos de dieta sanfona e programas de exercício fracassados comprometessem sua saúde.

Descobriu minha lista de alimentos que dão bem-estar e ficou encantado ao perceber que o programa não só enfatizava o que comer (e não o que evitar), mas também acabava com a culpa de sair da dieta de vez em quando.

Na primeira semana, Patrick conta que sua energia aumentou sensivelmente. Após um mês, eliminou 8 quilos, e nos três primeiros meses de dieta a perda de peso total foi de 18 quilos. Isso se deu sem que ele se preocupasse muito: tudo o que fez foi selecionar o que comer na maioria de suas refeições, usando a lista dos alimentos que dão bem-estar (*veja a seguir*). Logo, memorizou os seus preferidos: nozes e castanhas, mussarela *light* e... hum!... hambúrgueres.

## O princípio é comer os alimentos que dão bem-estar – sem culpa

Meu programa alimentar não propõe privações. Os dias em que você mal tinha energia para sair da cama ficaram para trás, assim como os dias em que você se sentia tão mal que magoava as pessoas que ama ou ignorava os colegas de trabalho mais críticos de seu sucesso. O melhor é que esta dieta deixa a culpa de lado.

A relação de alimentos que dão bem-estar é sua primeira ferramenta para acabar com a culpa. Em conjunto com os cardápios do capítulo 3, ela fornece tanto um plano alimentar quanto uma filosofia de vida. Come-se para se sentir bem – e a perda de peso é uma conseqüência natural. A lista abaixo destaca os alimentos ideais para a dieta, como está especificado no capítulo 3. Há também outras categorias de alimentos que proporcionam boa disposição, como praticamente todas as frutas e verduras.

### Alimentos que dão bem-estar

- Água
- Alho
- Azeitonas e azeite
- Banana
- Bebidas cafeinadas (1 ou 2 por dia)
- Brócolis
- Cacau em pó (ou chocolate em pequenas quantidades)
- Carne de porco magra
- Cereais integrais
- Chá verde
- Espinafre
- Feijão
- Folhas verde-escuras
- Frutas vermelhas (morangos, amoras, pitangas, framboesas)
- Gema de ovo
- Gengibre
- Laranja e todas as frutas cítricas
- Laticínios desnatados ou semidesnatados
- Linhaça (moída)
- Manga
- Nozes e castanhas
- Óleo vegetal não-refinado
- Peixes e frutos do mar
- Peru
- Pipoca
- Romã
- Sementes de girassol
- Soja
- Suco de uva
- Uva

Este programa devolve o direito de saborear suas comidas preferidas. Você pode comer cereal matinal (fique longe do tipo coberto de açúcar) após anos de culpa com relação aos carboidratos. Pode comer um ovo por dia, beber uma xícara de café forte pela manhã, almoçar um prato de carne assada com batatas, saborear nozes e queijo na hora do lanche e até jantar panquecas ou carne de porco.

Desenvolvi a lista de alimentos que dão bem-estar após anos de trabalho com atletas, executivos, mães de crianças pequenas e todo tipo de pessoas. A ciência prova a eficácia dessa abordagem, e os casos reais de tentativa e erro, mais ainda.

Um exemplo: há alguns anos trabalhei com uma estrela da NBA que caíra em depressão. Não importava o quão bem-preparado fisicamente estivesse, não conseguia resultados na quadra. Meu trabalho foi fazê-lo voltar à forma ideal e devolver-lhe um foco mental. Desenvolvi uma dieta para ele com esses objetivos em mente, usando como base os alimentos que dão bem-estar. Os resultados foram impressionantes. Em cinco semanas ele reduziu em 10 por cento seu percentual de gordura corporal. Isso lhe exigiu não só seguir a dieta como também ter a energia mental, a força, a exuberância e a energia física para retomar suas atividades e treinos com vontade de vencer.

Cada cliente meu recebe uma dieta que objetiva o bem-estar e a perda de gordura corporal. Após uma semana, todos me dizem que este programa nutricional mudou sua vida. Até as pessoas que já são naturalmente bem-dispostas afirmam sentir-se ainda melhor – e em questão de dias.

Nesta dieta não cabe culpa. Mesmo se você comer algo que não está na lista dos alimentos do bem-estar, ainda assim terá de ingerir todos os outros alimentos planejados para aquele dia. Não elimine nada do plano alimentar para compensar as calorias consumidas. Não importa se comeu meio bolo de chocolate há cinco minutos; é fundamental que consuma todos os alimentos que dão bem-estar indicados na dieta daquele dia. Se continuar bem-disposto, será mais difícil que coma a outra metade do bolo. A culpa só fará você comer ainda mais bolo. Deixe-a de lado.

## Este plano alimentar vai acabar com o sofrimento das dietas

Você já fez dieta? Claro que sim. Seguiu-a diligentemente, mas, após alguns meses (ou semanas ou dias), abandonou-a de vez.

Por quê? Você se sentiu estranho, sem energia, sua compulsão por comida fugiu do controle – e pronto, foi o fim. Você se conformou, culpando-se por mais um fracasso do seu corpo e da sua força de vontade.

Mas o fracasso estava na dieta, não em você. O fato é que a maioria delas é depressiva. A forma como são projetadas e os alimentos que são indicados provocam alterações químicas no cérebro, que, por sua vez, causam depressão. Somado a isso está o fato da enorme redução calórica. Esta é a descrição de como você deve ter se sentido naqueles dias de dieta: estranho, sem energia e com uma vontade louca de comer os alimentos que lhe dão ânimo e boa disposição com rapidez.

Minha dieta permite que você seja você mesmo, deixando-o escolher da lista de alimentos de bem-estar aqueles mais propícios a lhe conferir boa disposição e afastar os sintomas da depressão.

Para os que adoram ovos, tenho a dizer que toda a fama negativa que eles adquiriram vem comprometendo o consumo de um dos melhores alimentos para o cérebro e o humor. Recomendo um ovo inteiro por dia (a gema contém lecitina, ótima para os neurônios), se possível pela manhã.

Se seu cardiologista for contra o consumo diário de um ovo e argumentar com alguma propriedade que isso poderá comprometer a taxa de colesterol e aumentar o risco de doenças cardíacas, pergunte-lhe qual seria o consumo razoável de gemas por semana que não comprometesse a sua saúde cardiovascular. Nos dias em que não comer gema, substitua-a por um alimento à base de soja, como tofu. Isso vale tanto para o lanche quanto para o café-da-manhã. Os mesmos benefícios estão na gordura da soja, portanto a proteína de soja isolada não substitui os ovos.

As claras dos ovos também são excelentes, ótimas para o ganho muscular. Uma omelete preparada com quatro claras (acompanhada de um copo de leite desnatado) substitui a vitamina do lanche da manhã, um dos itens principais dos cardápios do capítulo 3. Experimente acrescentar aos sanduíches uma colher de chá de azeite. Além de se sentir mais saciado uma ou duas horas após comê-lo, obterá uma explosão de energia proveniente das gorduras monoinsaturadas presentes no azeite.

Um dos defeitos da maioria das dietas é que ou elas cortavam as gorduras, saudáveis ou não, ou sugeriam um abuso de alimentos gordurosos de origem animal. Ainda me espanta a quantidade de *bacon* que as pessoas consomem em dietas protéicas de baixo teor de carboidratos.

Essas dietas não funcionam porque, diante delas, o organismo desenvolve mecanismos de defesa para prevenir um desastre. O corpo reage com uma tática de sobrevivência desenvolvida há milênios, o que torna praticamente impossível a perda de mais peso.

## Passar fome não emagrece, pelo contrário

Na verdade, as dietas de privação agem ao contrário: o corpo se aferra às reservas de gordura, de forma que *não* se perca peso.

Um dos resultados disso é a letargia e o mau humor. Somos compelidos a comer alimentos ricos em gordura e açúcar para afastar a tristeza, e nos entupimos de biscoitos e salgadinhos.

Lembre-se disso, principalmente se um amigo o estimular a ter mais força de vontade. Não foi você que fracassou, mas a sua dieta, porque o seu corpo só estava reagindo da forma como foi programado, a fim de protegê-lo dos prejuízos causados por uma alimentação inadequada.

Esqueça essa viagem de culpa e falta de força de vontade. Não quero soar piegas, mas a vida é uma só. Ninguém está dizendo que você precisa vivê-la passando fome o tempo inteiro para demonstrar ao mundo como tem força de vontade. Energize seu corpo e sua mente com este programa e a felicidade será mera conseqüência.

Este plano alimentar é tanto uma dieta quanto uma filosofia de vida. Quero que você passe a pensar como os atletas, com quem trabalho há 25 anos.

Eles são extremamente otimistas. Só pensam no que precisam fazer para serem bem-sucedidos. Seguem o plano para obter sucesso; se saem da linha, retomam em seguida e continuam em frente. A comida é seu combustível, sua amiga; não sua inimiga. Não perdem tempo pensando no que deu errado ou onde fracassaram. Seu foco é fazer o que for necessário para ficar e permanecer em forma.

Quero que você pense diariamente no que precisa comer, não no que não deve comer. Para se sentir bem, é preciso alimentar o cérebro. Nutrir e cuidar de seu cérebro irá recalibrar a sua capacidade de queimar gordura e ganhar massa muscular após anos, ou talvez décadas, de metabolismo sanfona.

O cérebro é o centro de controle. É ele que coordena a liberação de neurotransmissores e hormônios que transformam o corpo de uma máquina de ganhar gordura em uma máquina de queimar gordura. E isso só irá acontecer quando o cérebro estiver em equilíbrio nutricional. Ou seja: nutrir o cérebro é o primeiro passo para se sentir bem.

## Pensar no que é preciso comer começa no café-da-manhã

A lista dos alimentos que dão bem-estar é tão longa quanto estimulante. Ao contrário da maioria das dietas, meu plano recomenda uma ou duas xícaras de café (ou um ou dois expressos pequenos) como quantidade ideal para a maior parte das pessoas, principalmente aquelas que amam café. Existem estudos consistentes de que a cafeína melhora a capacidade mental e física, se consumida em quantidade moderada. Você encontrará a quantidade de cafeína ideal para si próprio.

Recomendo vivamente que o café seja ingerido antes do almoço. À tarde, o melhor é tomar chá verde ou água. Calcule cerca de três xícaras ao dia de chá verde, ou cinco, caso opte por não tomar café. Sou fã do chá verde tanto pela sua capacidade de melhorar o ânimo quanto por suas propriedades protetoras do coração.

Só para mostrar como este plano é flexível, ele admite até um ou dois refrigerantes *diet* à base de cola pela manhã, caso essa seja a bebida cafeinada de sua escolha. Evite apenas as versões tradicionais (a latinha de 350 ml possui 10 colheres de chá de açúcar embutido) e abandone o hábito de tomar refrigerantes à tarde e à noite, a fim de aumentar a boa disposição e a energia.

Se não acredita em mim, experimente passar uma semana sem tomar refrigerantes. Você irá se sentir melhor simplesmente por substituir os refrigerantes da tarde por chá verde ou água. Caso seja grande fã de bebidas gaseificadas, experimente se habituar ao novo padrão tomando um pouco de água com gás misturada a suco de frutas e gelo.

## Aumentar a quantidade de comida ingerida ao longo do dia significa menor ganho de peso e mais calma – isso vale também para as crianças

Sharon Lee Hamilton, 49 anos, tem dois filhos pequenos. Ela é fã do programa porque ele reduz os efeitos do estresse em sua vida.

"Eu me senti mais calma com as crianças. No ano passado, vivemos momentos difíceis durante o processo de adoção de uma criança estrangeira", conta Sharon. "Em vez de ganhar peso, algo que em geral acontecia em fases de estresse e tensão, perdi dois quilos."

Uma das estratégias de sucesso de Sharon foi tomar um bom café-da-manhã todos os dias. Ela experimentou as sugestões dos cardápios do capítulo 3 e as receitas do capítulo 8 até encontrar os pratos que melhor se adequavam à sua vida agitada. Um de seus favoritos é o sanduíche de pão sírio com ovo, servido com azeite em vez de queijo. Outro, é ovo cozido e iogurte batido com frutas, que ela preparava na noite anterior para poder sair com mais rapidez de casa no dia seguinte.

"Estou adorando fazer uma refeição pela manhã, e isso só me toma alguns minutos para preparar, mesmo que eu tenha de tostar o pão ou cozinhar o ovo", diz ela. "Tomar um café-da-manhã saudável – simplesmente *tomar* café-da-manhã – fez uma grande diferença para mim. E vejo que para os meus filhos também."

É isso! Quantos pais você conhece que acreditam terem de servir aos filhos um café-da-manhã saudável e fortificante, mas que só tomam um café preto porque não costumam "comer de manhã"? Isso é o que eu chamo de uma estratégia para se sentir mal. Escolher alguns alimentos que dão bem-estar, mesmo aqueles que compõem um café-da-manhã convencional, vale a pena.

Vários clientes tomam vitamina no café-da-manhã para economizar tempo e se ajustarem à idéia de comerem ao acordar. Recomendo a minha vitamina matinal, feita com leite e chá indiano (*chai*):

## Vitamina matinal

1 xícara de leite desnatado
1 xícara de chá indiano, já preparado em infusão (veja receita abaixo)
14 g de suplemento protéico sabor baunilha à base de soro de leite
   (consulte a internet para verificar os locais de venda)
1 colher (chá) de adoçante
1 pitada de noz-moscada
4 cubos de gelo

Aqueça o leite e derrame-o sobre o chá; deixe descansar por 5 a 8 minutos. Leve à geladeira, para esfriar. Bata por 1 minuto no liquidificador com o suplemento, o adoçante, a noz-moscada e os cubos de gelo. Rende **1** porção.

### *Análise nutricional*

Cada porção contém 1 porção de leite e 2 de proteína com teor mínimo de gordura.

## Chá indiano

2 colheres (chá) de chá preto
1 pedaço pequeno de gengibre
2 cravos

2 pauzinhos de canela
4 cardamomos inteiros

Moa todos os ingredientes. Para cada xícara de água quente, use uma colher (sopa). Rende 2 porções.

Recomendo o suplemento protéico à base de soro de leite porque ele permite que o corpo e o cérebro obtenham o máximo de benefícios da proteína. Verifique o rótulo: alguns suplementos em pó contêm carboidratos, ou gorduras, prejudiciais ao bem-estar. O ideal é tomar esta vitamina logo após se exercitar, ou como lanche no meio da manhã.

## Comer peixe é uma medida estratégica para eliminar a depressão, mas não é necessário desequilibrar o orçamento por isso

Para algumas pessoas – eu, inclusive –, comer sardinha, anchova, salmão ou atum de três a quatro vezes por semana é um diferencial importante desta dieta. Embora o peixe fresco possa ser caro em algumas regiões – procure sempre as promoções e congele o peixe em porções individuais –, não é necessário consumir mais do que 120 gramas para obter o máximo em termos de energia.

Sou categórica ao afirmar que os peixes oleaginosos de água fria são um antídoto certeiro contra os sintomas da depressão. Funcionou muito bem no caso da minha mãe, por exemplo. Em geral, é difícil as pessoas aceitarem que as gorduras ômega-3 presentes no peixe tratam a depressão, mas vejo isso acontecer com dezenas de clientes todos os anos.

Uma opção é o atum e a sardinha em lata. Mantenha algumas latas em sua despensa para preparar jantares rápidos que irão deixá-lo bem-disposto por horas e ajudá-lo a dormir melhor.

Seu objetivo é comer peixe cinco vezes por semana, mas isso não é um ultimato. Apenas lembre-se de que cada refeição à base de peixe é um diferencial para o seu cérebro, devido à quantidade de ômega-3.

## Objetivo: nunca passar fome

Admito que muitos vão reeducar o paladar com este programa, principalmente devido à adição de alguns novos alimentos na dieta diária (como a linhaça). Mas em nenhuma hipótese o plano alimentar significará passar fome ou comprometer o brilho de sua mente ou de seu corpo.

"Não senti fome nem uma só vez", afirma Patrick, ao relembrar as primeiras 12 semanas do plano, quando perdeu 16 quilos e alcançou mudanças ainda mais significativas. "Era quase como se eu estivesse brilhando. A perda de peso era algo a mais, mas não o principal."

Outra cliente que jamais sentiu fome foi Linda Behlke, que se juntou a um de meus clubes de dieta. Para ela, um dos fatores mais importantes do programa foi saber que não precisava ser perfeita.

"Em todas as outras dietas que fiz – e tentei todas –, a sensação era a de que ou você a segue perfeitamente ou é um fracasso", diz Linda.

Este é um ponto importante. Se não seguir os cardápios ao pé da letra alguns dias, não se preocupe – mas esforce-se ao máximo para comer os alimentos fundamentais da dieta, como o ovo diário, a linhaça moída, a vitamina protéica e o chocolate quente antes de dormir. Assim, você ainda estará fazendo algo positivo mesmo nos dias mais estressantes.

Linda perdeu 6 quilos nos três primeiros meses do programa – e isso durante as férias de inverno. Ela teve um motivo especial para aprovar a dieta: esclerose múltipla. "Essa doença causa muito cansaço", explica ela. "Com o programa da dra. Kleiner, tenho muito mais energia e esperança."

## Um programa que vai muito além da perda de peso

Além da perda de peso, esta dieta objetiva ajudar as pessoas a ganhar mais energia e boa disposição, assuntos tratados pelo co-autor, Bob Condor, em suas colunas de jornal. Nem todos nos procuram com a intenção de emagrecer.

Ao longo dos anos, descobri que as dietas que eu recomendava para as pessoas não só as faziam emagrecer como também melhoravam seu ânimo de forma significativa. Não mais se sentiam melancólicas ou preguiçosas. Este programa alimentar melhorou o desempenho de atletas profissionais e até os convenceu a continuar jogando em vez de abandonar o esporte.

"Você salvou minha vida!", escreveu-me uma executiva após dez dias apenas da dieta. "Estou escolhendo os alimentos certos e sinto-me maravilhosa. Até então não sabia quais alimentos me fariam sentir bem. Hoje, tenho mais esperança." Para mim, esperança e boa disposição são sinônimos.

Nos primeiros dias do plano, você sentirá um aumento instantâneo de energia e melhora no sono. Você se sentirá mais vivo e com mais rapidez de raciocínio. Isso continuará, enquanto você perde peso e sente que os músculos tomam o lugar da gordura localizada. Para aqueles que sofrem de depressão moderada, os alimentos indicados servirão como doses de bom humor.

Perdi a conta do número de clientes que me confessaram sentir-se deprimidos na primeira vez em que nos encontramos e, uma semana mais tarde, diziam se sentir bem mais felizes. Às vezes, as pessoas não conseguem esperar nem uma semana para me contar os resultados positivos e me ligam no celular ou mandam *e-mail* após 24 ou 48 horas. É como se a vitamina protéica do meio da manhã, o lanche da tarde ou o chocolate quente antes de dormir agissem como uma borracha que apagasse a depressão.

Trata-se de um conceito maravilhoso: relacionar a comida com a esperança, a energia, o bem-estar e o bom humor.

## Bem-vindo à sua vida nutricional

Esta dieta representa um recomeço da sua vida nutricional e emocional. Você se sentirá ótimo enquanto emagrece, principalmente ao perceber a redução no percentual de gordura corporal. A verdade é que se sentirá melhor do que nunca e seguirá o plano de bom grado. Depois de perder peso, terá nas mãos uma estratégia nutricional adaptada a promover uma vida com mais disposição – e para sempre.

E *nutrição* vai deixar de ser uma palavra negativa no seu vocabulário.

Por que tenho tanta certeza disso? Porque é o que faço com meus clientes todos os dias. Alguns me procuram para emagrecer, outros porque querem um rendimento melhor.

Crio dietas para atletas há quase 25 anos. A nutrição esportiva envolve dois fatores: alterar a composição corporal (perder gordura e ganhar músculos) e manter-se energizado. Não importa quão genial seja o atleta, na maioria das vezes a chave do sucesso é seu estado emocional. Já observei isso em jogadores profissionais de futebol americano e basquete e em atletas olímpicos de modalidades tão diversas quanto atletismo e esqui.

Sem o brilho fornecido pelos alimentos, vencer é apenas um sonho vão. Um atleta deprimido pode até ser condenado ao banco de reservas. Se seguissem qualquer uma das dietas de emagrecimento em moda atualmente, a maioria dos campeões não tiraria o pé do vestiário.

Pense nisso. Nem sonhando pediríamos a um grande atleta para restringir de forma radical a quantidade de calorias que ingere, nem diríamos a uma criança para comer apenas uma refeição por dia. Mas trata-se de uma prática comum entre aqueles que desejam perder peso. Por que deveríamos fornecer menos combustível ao nosso corpo do que um esportista que deseja vencer uma competição ou o aluno de terceira série que precisa ir bem numa prova, correr até dizer chega no recreio e ter aulas de piano, tudo em um único dia?

Comer mais, principalmente no café-da-manhã e no meio da manhã, pode mudar a sua vida em apenas uma semana, quem sabe até antes. Isso porque o seu corpo e o seu cérebro são feitos dos mesmos átomos, moléculas, tecidos e órgãos que os dos atletas. Você necessita do mesmo ânimo que eles – alimentos que o afastem da depressão e lhe dêem brilho. Precisa se sentir ótimo enquanto emagrece. Esta dieta é capaz disso.

Apliquei os mesmos princípios da nutrição esportiva e dos alimentos que influem no humor nas dietas dos meus clientes que não são atletas. Eles também querem se sentir muitíssimo bem todos os dias enquanto emagrecem e entram em forma. Após tantas tentativas frustradas de perder peso, aqui está uma oportunidade de comer, ter boa disposição e livrar-se da gordura que, por tanto tempo, você jamais pensou que desapareceria. Isso é mais do que suficiente para deixar qualquer um de bom humor.

## Alimentos ótimos para o ânimo

O primeiro passo é entender que todos os alimentos afetam o humor. Este capítulo enfatiza aqueles que devem fazer parte da nossa vida. Gosto de destacar os positivos antes de abordar os negativos. O capítulo 2 irá tratar dos alimentos que causam mal-estar. A lista é curta – todos ficam felizes ao saber disso – e alguns de seus itens, como chocolate e vinho, podem até integrar a lista dos alimentos que fazem se sentir bem. O capítulo 3 combina esses princípios com cardápios e delineia um plano alimentar.

Vamos tratar de alguns pontos básicos sobre a comida e o humor. Um pouco de ciência irá fazê-lo entender, por exemplo, por que é crucial ingerir certos alimentos todos os dias mesmo que você tenha saído um pouco da dieta.

Já se sentiu inebriado de açúcar? O chocolate traz satisfação e felicidade? Então você sabe como a comida é capaz de afetar a disposição. Vivemos numa época revolucionária, em que os cientistas começam a entender como o cérebro e o corpo estão conectados. A tecnologia avançada de imagens cerebrais permite que pesquisadores observem como o cérebro responde a estímulos exteriores, tais como a comida que consumimos e as atividades que buscamos.

O cérebro é o centro de controle do organismo, mas está relacionado a todas as reações corporais aos estímulos exteriores. O que e quando comemos afeta diretamente a disposição.

É comum as pessoas não perceberem que a comida está relacionada com o ânimo. Vou repetir. Não apenas o *quê*, mas também *quando* e até *onde* comemos afeta diretamente o humor. O cérebro muda radicalmente a cada refeição. Vamos usar esse fato fisiológico como um ingrediente secreto para o sucesso desta dieta. Nela, você alimentará o corpo e o cérebro e tratará bem a sua disposição, que, em troca, irá tratá-lo bem.

Mulheres que passaram por uma crise de depressão aumentam as chances de desenvolverem obesidade abdominal, pressão alta, nível elevado de açúcar e colesterol no sangue. Esses sintomas, comumente chamados de "síndrome metabólica", costumam desencadear doenças como diabetes do tipo 2, problemas cardíacos e derrames. Isso não é de surpreender. Quando a pessoa se sente deprimida, não se cuida. Os deprimidos estão mais sujeitos a fumar, não comer de forma saudável, parar de se exercitar e não seguir os tratamentos médicos; desistem da constância dos hábitos positivos.

Da mesma forma, as pesquisas indicam que a obesidade aumenta o risco de depressão. Portanto, se você está acima do peso, tem maiores chances de se tornar deprimido, o que poderá destruir os esforços que faça para melhorar seu estilo de vida e emagrecer. É um ciclo vicioso.

## Um dos alimentos indicados talvez o surpreenda: leite desnatado

Acredito que o leite caiu em desgraça para muitas pessoas, o que provocou índices mais elevados de depressão e oscilações de humor na população.

Se parou de tomar leite por algum motivo, seja flexível e volte a incluí-lo. Muitas pessoas bebem leite demais de uma só vez: é o que causa a maioria das reações. Uma xícara (250 ml) é a porção ideal. Para alguns, talvez 120 ml ou 200 ml seja uma quantidade intermediária indicada. Distribua esses 250 ml ao longo do dia para obter o máximo de energia – recomendo leite desnatado orgânico. Todos que confiaram nesse conselho dizem que esta xícara de leite eliminou seus problemas digestivos ou de sinusite.

A proteína do soro do leite é uma fonte naturalmente rica em triptofano. Segundo alguns estudos, o soro é capaz de reduzir as reações ao estresse, melhorar o humor e até a memória. As pesquisas sobre esse alimento se aprofundam cada vez mais; as ligações entre o soro e o aumento de disposição são entusiasmantes.

Aqueles que sofrem de depressão moderada são os que obterão mais benefícios. Os laticínios são ricos em soro. As melhores fontes são leite desnatado ou semidesnatado, queijo *cottage* e bebidas como *kefir*. Outra fonte excelente é o suplemento protéico à base de soro de leite, ingrediente-chave da vitamina do meio da manhã desta dieta.

## Elimine a compulsão por carboidratos de uma vez por todas

Eles são um dos itens principais da minha lista de alimentos que dão bem-estar – e isso justamente quando todos estão sendo contra essa categoria de alimentos e eliminando-a das dietas de redução de peso.

O triptofano presente no peru, nos laticínios e na proteína do soro do leite, além de todas as suas características positivas, ainda constitui um elemento construtor de serotonina – mas apenas quando consegue cruzar a barreira de bloqueio dos vasos sanguíneos do cérebro. O estranho, mas significativo, é que não são as proteínas, mas os carboidratos que afetam esse cruzamento.

Na corrente sanguínea, o aminoácido triptofano compete com outros aminoácidos de estrutura similar, chamados "aminoácidos neutros grandes" (LNAA), por um lugar na proteína transportadora que os faz atravessar a barreira do cérebro. Quando a ingestão de proteínas é alta, existe uma abundância de aminoácidos neutros grandes e outros aminoácidos similares. A competição por um lugar é grande, o que limita o acesso do triptofano ao cérebro.

O que vou dizer em seguida irá acabar com a sua culpa de comer uma torrada de manhã ou um pão de hambúrguer à noite.

Quando a ingestão de proteínas é menor e a de carboidratos, maior, existe menos competição por espaço na proteína transportadora. Além disso, os carboidratos estimulam uma cadeia de reações bioquímicas que remove a maioria dos LNAA da corrente sanguínea, com exceção do triptofano, levando-os até as células musculares. Assim, as dietas ricas em carboidratos conferem ao triptofano vantagem competitiva para cruzar a barreira até o cérebro, elevando a concentração de serotonina nesse órgão e melhorando o ânimo.

Em suma: os carboidratos são ótimos. Fazem todo o trabalho de preparação para a ação das proteínas. Evitá-los porque algumas dietas da moda clamam que eles engordam só lhe roubará a boa disposição.

Diversas pesquisas documentaram que dietas com pelo menos 40 por cento das calorias provenientes de carboidratos reduzem a depressão. Tais alterações no humor induzidas pela alimentação são menos acentuadas em indivíduos saudáveis, pois é mais difícil demonstrar esse impacto em alguém que não apresenta um quadro grave de depressão. Porém, na prática, a primeira coisa que escuto de meus clientes ao seguirem o programa por apenas uma semana é: "Agora tenho muito mais energia e me sinto melhor do que nunca!" Isso não acontece com apenas alguns clientes, mas com *todos* eles. Sempre.

## Escolha os carboidratos da lista de alimentos que dão bem-estar

Quando falo em carboidratos, refiro-me a cereais integrais, frutas, legumes e verduras. A lista dos alimentos que dão bem-estar (*p. 21*) apresenta aqueles que são ideais nessas categorias. Recomendo que a maior parte de suas porções de amido seja proveniente do grupo dos cereais integrais (até a pizza pode se tornar um alimento que dá boa disposição se for feita com farinha integral – as crianças vão adorar!).

Este programa é específico em relação a frutas e verduras: elas são ideais para conferir energia e boa disposição. Sugiro que pelo menos uma das porções seja de frutas cítricas ou vermelhas (quando as frutas vermelhas estiverem fora de época, use a polpa congelada), e que se consuma no mínimo uma porção diária de legumes e verduras carotenóides (cenouras, folhas verdes, tomates), uma de crucíferas (brócolis, couve-flor, repolho, couve-de-bruxelas) e uma de vegetais da família *Allium* (alho, cebola, cebolinha).

Escolha alimentos cuja energia seja liberada aos poucos, não de uma vez. Pesquisas mostram que os carboidratos com índice glicêmico (IG) de baixo a médio são os mais benéficos para a disposição. Os carboidratos com alto índice glicêmico levam a picos de energia na serotonina e no humor.

O que é o índice glicêmico, afinal? Trata-se de uma tabela que indica a elevação dos níveis de açúcar no sangue após a ingestão de carboidratos. Os alimentos são classificados segundo uma numeração de 1 a 100. Quanto mais elevado for o número de um alimento, mais rapidamente ele será digerido e se converterá em glicose – e quando o nível de açúcar no sangue cair, você vai se sentir mal.

A velocidade da digestão é afetada pela composição do alimento. Por exemplo, alimentos ricos em fibras, proteínas e gordura tendem a retardar a digestão. Os integrais, ricos em fibras, possuem índice glicêmico menor, enquanto os refinados, processados e em geral mais doces possuem índice glicêmico mais elevado. Os que dão bem-estar possuem IG de baixo a médio.

**O outro fator da equação da liberação de glicose é o tamanho da porção.** O tamanho da "carga" de carboidratos presente na corrente sanguínea faz uma grande diferença no humor. Portanto, não se trata apenas do alimento que se ingere, mas também da quantidade que se come de uma vez. É por esse motivo que os cardápios do capítulo 3 indicam com clareza não só os alimentos a ingerir, mas também as quantidades. Em uma semana, ou dez dias, você conhecerá isso de cor.

Outra vantagem dos carboidratos com índice glicêmico menor é que eles estimulam a queima de gordura. Você sente menos fome e seu corpo trabalha para acabar com os depósitos de gordura. Quer coisa melhor?

Bem, como veremos no capítulo 6, exercitar-se regularmente permitirá que você coma mais e perca peso com maior rapidez.

Combine carboidratos, proteínas e gorduras em qualquer refeição. Por exemplo, um lanche da tarde composto de amêndoas, frutas secas e suco de legumes é excelente para saciar a fome e dar energia. Se for uma mulher relativamente ativa, ou se for homem, acrescente um pouco de queijo branco. Faça esse lanche, ou uma de suas variações, uma vez por uma semana. Na quinta-feira você já sentirá menos cansaço à tarde, e na sexta, alguém comentará como está trabalhando bem, ou, em uma reunião, como seus argumentos são pertinentes.

Meus amigos e familiares sabem que podem contar comigo para um lanche saudável. Levo saquinhos no carro, na bolsa e até na pasta de trabalho. Planejar os lanches e levá-los a tiracolo pode alterar seu humor e fazê-lo perder medidas. Veja mais detalhes no capítulo *Dieta a tiracolo* (p. 90).

## Maximize o resultado ingerindo peixe e linhaça

Necessitamos de gordura nas refeições porque 60 por cento do cérebro é constituído de lipídios. Este plano alimentar destaca os tipos adequados de gordura para nutrir o cérebro. Suas papilas gustativas também vão agradecer.

Os ácidos graxos poliinsaturados (AGP) presentes nas membranas que envolvem o cérebro possuem um papel importante nas funções desempenhadas pela serotonina, inclusive nos quesitos promoção e manutenção do bem-estar. A serotonina transporta mensagens entre as células. O termo científico para descrever a saúde das membranas das células cerebrais é *fluido*. Não se trata de água, mas de gorduras lubrificantes. As membranas das células cerebrais devem ser relativamente fluidas para permitir a comunicação eficiente de mensagens umas às outras.

A concentração de AGP nos neurônios determina a fluidez das membranas. As altas concentrações de ácidos graxos do tipo ômega-3 (uma espécie de AGP encontrada predominantemente em peixes oleaginosos) são fundamentais para isso.

Portanto, comer sardinha, anchova, atum e salmão faz bem para o cérebro e para o coração. Esqueça o alto teor de gordura. Trata-se de gordura saudável. Além disso, o consumo desses peixes vai ajudá-lo a emagrecer. Estudos recentes indicam que os peixes oleaginosos são os principais protetores contra câncer de próstata e outros tipos de câncer.

O mesmo vale para o acréscimo de um ovo e de uma colher de sopa de linhaça moída ao dia. Pode substituí-la por farinha de linhaça, mas não coma as sementes inteiras, pois não conseguimos digerir sua casca – as qualidades do óleo contido dentro dela passarão direto pelo seu sistema digestivo. Algumas pessoas não gostam do gosto da linhaça, enquanto outras adoram seu sabor de castanha misturado a um prato de cereais ou iogurte com fruta. É fácil mascarar o gosto da farinha de linhaça em uma vitamina; também pode ser colocada no ovo mexido ou na carne do hambúrguer. Mas, para mim, a melhor forma de comê-la é com cereais matinais, pela manhã.

Neste ponto a ciência se encontra com as receitas caseiras. Uma pesquisa recente que examinou a relação entre a depressão e fatores nutricionais descobriu menos AGP nos glóbulos vermelhos do sangue de mulheres com depressão do que nos de mulheres saudáveis. Também observou níveis significativamente mais baixos de ácido alfalinoléico e de ácido linoléico, dois ácidos graxos essenciais encontrados na linhaça. Os resultados dessa pesquisa fortalecem os de outros estudos anteriores: peixes e linhaça reequilibram o organismo.

Um estudo feito em 1998 investigou a influência das gorduras no humor. No primeiro mês, todos os indivíduos da pesquisa ingeriram 41 por cento de gordura; no segundo mês, metade das pessoas passou a ingerir 25 por cento de gordura. A partir de então, os índices de raiva e hostilidade aumentaram de forma dramática entre o grupo que consumia pouca gordura, enquanto a tensão e a ansiedade diminuíram no grupo que consumia mais. Além disso, uma pesquisa realizada em 2006 monitorou os índices de raiva em adultos de comportamento agressivo e descobriu que o consumo regular de óleo de peixe abranda até as personalidades mais duronas.

Mas os benefícios do consumo de lipídios adequados vão além da diminuição das oscilações de humor. Os níveis de colesterol HDL (o chamado colesterol bom) aumentam em dietas com consumo maior de gordura e diminuem quando a pessoa segue um regime com teor de gordura muito limitado. Lembre-se: sardinha, anchova, mariscos, atum, salmão, arenque e outros peixes de água fria fazem bem para o cérebro e para o coração. Esta dieta determina cinco porções de peixe por semana e uma colher de sopa de linhaça moída por dia.

## Determine as estratégias de O QUÊ e QUANDO

As refeições e lanches deste programa alimentar, e o horário em que se deve ingeri-los, serão abordados no capítulo 3 e nos capítulos seguintes. Mas gostaria de fazer uma introdução.

As estratégias de sucesso desta dieta estão baseadas nos horários e na combinação de alimentos que lhe trarão os maiores benefícios, tanto em termos de redução de gordura quanto em aumento na disposição. **As combinações de alimentos dos cardápios do capítulo 3 são tão importantes quanto os alimentos em si**.

É preciso equilibrar carboidratos, gorduras e proteínas. Nunca faça um lanche apenas de carboidratos, mesmo que seja à base de legumes e frutas. Acrescente algumas nozes ou castanhas, ou um pedaço de seu queijo preferido. Adicione suplementos protéicos em pó à vitamina, linhaça ao iogurte desnatado, geléia à torrada e pasta de amendoim aos biscoitos.

Quanto aos horários, comer a cada duas ou três horas demanda planejamento e hábito. Você notará um aumento substancial de energia já na primeira semana de alimentação mais consistente. "Não pular refeições" passará a ser uma máxima. Talvez leve de duas a três semanas para fazer disso um costume, mas valerá a pena. Alguns de meus clientes perderam bastante peso quase que unicamente porque deixaram de pular refeições e de consumir todas as calorias do dia no jantar.

Confie em mim: o método funciona. É preciso apenas superar a idéia de que comer durante o dia engorda. É o contrário. Você terá mais energia para trabalhar, exercitar-se, amar, fazer compras etc., e aumentará sua capacidade de emagrecer. Tudo isso somente por comer com mais constância.

Outra lição importante que aprendi trabalhando com atletas profissionais: sem uma quantidade suficiente de calorias, você entra em colapso porque vai queimá-las logo no início do dia. Os esportistas precisam comer no período anterior a uma prova ou um jogo, por exemplo.

**Importante: para emagrecer, é preciso ingerir uma quantidade de calorias suficiente**. Parece loucura, não é? Os especialistas em medicina esportiva dão a isso o nome de "fluxo de energia". Basicamente, significa que o seu metabolismo não irá se acelerar de forma a queimar gordura enquanto você não aumentar o consumo de alimentos e o volume de exercícios. Exercitar-se mais e comer menos é um passo para a frente e dois para trás nessa abordagem.

Você precisa de calorias para praticar exercícios e para estar fisicamente ativo. Os exercícios colaboram para o ganho muscular, e os músculos fortalecidos queimam gordura. É dessa maneira que você perde peso.

Sem comida suficiente, você sabota seu plano de exercícios. Pode até emagrecer com dietas de grande redução calórica, mas, como foi dito, vai se sentir estranho; além do mais, grande parte da perda de peso se dará em termos de redução muscular. Assim que abandonar a dieta, o que certamente fará, recuperará todos os quilos perdidos – e muito provavelmente sob a forma de gordura.

Quanto é suficiente, em termos de comida? Esta dieta utiliza uma estratégia científica para lhe proporcionar quantidade suficiente de calorias, de forma que permaneça energizado pelo resto do dia, sinta-se ótimo e emagreça. O trabalho é apenas descobrir o que se adapta a você. Siga o módulo alimentar, os cardápios sugeridos e as receitas. Você se sentirá melhor do que nunca. Pela primeira vez na vida, terá boa disposição e bom humor enquanto emagrece!

# 2

# Alimentos que causam mal-estar – uma lista breve

Esta é uma das melhores características desta dieta: você não precisa cortar nada. Na verdade, eu o encorajo a incluir um pouco de chocolate e açúcar semanalmente, além de vinho tinto.

Este livro trata da boa disposição, está lembrado?

Apesar disso, há uma grande probabilidade de que você risque das suas refeições alguns alimentos que causam mal-estar, apresentados neste capítulo; rapidamente você vai perceber o efeito que eles têm sobre o humor. Ingerir mais alimentos que dão bem-estar, listados no capítulo 1, passará a ser algo natural.

Trata-se de um passo importante, que pode ser definitivamente incorporado à sua vida. Perceberá como certos alimentos em determinadas porções interferem no ânimo. Para ter boa disposição, é preciso descobrir maneiras de ingerir esses alimentos em porções menores.

## Não se trata de eliminar os alimentos que você adora, mas de apreciá-los melhor

"Eu me dei conta de que me entupia de biscoitos de chocolate para compensar o estresse", diz Paula Burke, consultora de negócios e mãe de duas crianças pequenas. "Aprendi a saborear um pedaço de chocolate, desfrutando esse prazer sem pressa. Sinto uma satisfação muito maior."

## Uma das estratégias centrais do programa é ingerir alimentos que dão bem-estar, agradam o paladar e saciam a sua fome

Um bom exemplo é comer castanhas ou amêndoas no lanche da tarde – você não estará faminto no jantar, pois as castanhas saciam o apetite. Existem até alguns estudos que provam que um lanche de nozes ou castanhas aumenta a metabolização de gorduras no jantar com muito mais eficiência do que uma barra de cereal, aparentemente mais saudável.

O mesmo princípio se aplica ao almoço. Você não se sentirá tentado a engolir um sanduíche com batatas fritas – não sentirá a mínima vontade – caso siga o plano, tomando café-da-manhã e depois lanchando uma vitamina. E mais: irá perceber o salto na sua disposição depois de almoçar alimentos que dão bem-estar. Passará a sentir vontade de ingerir alimentos daquela lista durante o dia, no trabalho, em casa, nos finais de semana – sempre que quiser se sentir bem.

Um ponto vital são as frituras. Não estou dizendo que terá de deixar de comer peixe frito ou salgadinhos, mas, quando o fizer, faça-o com a certeza de que o custo-benefício vale a pena. Uma idéia é dividir a porção com outra pessoa. E, repetindo o meu mantra: não se esqueça de consumir alimentos que dão bem-estar no dia que comer frituras. Um ovo inteiro, farinha de linhaça, a vitamina do lanche da manhã... você já sabe.

Também não peço que deixe de saborear aquela receita maravilhosa da sua mãe cheia de fritura. Coma um pedaço, saboreie, mas tenha em mente que a sua energia tenderá a cair caso você consuma três ou quatro pedaços. Use o bom senso.

## É estranho como a maioria dos alimentos que causam mal-estar geralmente são aqueles que nos provocam satisfação imediata, mas a longo prazo nos deprimem

A satisfação imediata vem dos sabores, aromas e do que os especialistas chamam de impressão sensorial deixada pelo alimento na boca. Já o "longo prazo" pode ser uma hora, a manhã seguinte ou um decurso de tempo maior, quando você se dá conta de que não se sente satisfeito com o seu nível de energia nem consigo mesmo.

A sensação de falta de energia que experimentamos depois de uma lauta refeição é causada pelos alimentos. É mais fácil exagerar quando uma grande parcela da refeição é composta de alimentos que causam mal-estar. Mas tenho boas notícias. A lista de alimentos que provocam mal-estar é curta e inclui alguns que podem ser classificados como alimentos que causam bem-estar, desde que ingeridos nas porções adequadas, como café e vinho tinto.

### Alimentos que causam mal-estar:

Açúcar e amido refinados
   (freqüentes em alimentos
   industrializados)
Álcool
Cafeína (em grandes doses)
Carnes gordas
Frituras
Lanchinhos gordurosos

Nas quantidades certas, muitos alimentos que causam mal-estar podem ser incluídos em refeições e até lanches após as duas primeiras semanas.

Elimino completamente esses produtos na fase Aceleradora do programa (as duas primeiras semanas, detalhadas no capítulo 3), devido aos fortes efeitos depressivos que produzem. O objetivo é que você perceba como se sente ótimo ingerindo os alimentos que dão boa disposição e como – e quanto – os alimentos que causam mal-estar afetam a disposição ao voltarem a integrar a dieta. Faça da sua disposição o seu guia.

A fase Aceleradora não é um truque. Os meus clientes geralmente afirmam sentir um salto de energia depois de poucos dias sem consumir esses alimentos.

Vamos analisar uma categoria por vez. Não se esqueça de que este plano não trata de evitar esses alimentos, mas de entender como funcionam no processo digestivo. A decisão é sua. Você vai decidir como administrar a lista dos alimentos que causam mal-estar.

E aqui vai mais um ponto importante: esta dieta não impede que você beba uma taça de vinho no jantar ou coma sobremesas. Ela trata de escolhas conscientes quanto aos alimentos que melhoram a sua disposição e afastam a depressão. O seu objetivo é se sentir bem, e não privado de nada nem com desejo por doces.

## Se você quer emagrecer, um dos métodos mais rápidos é eliminar o álcool (se você bebe)

Muitas pessoas se comprometem a diminuir o consumo de álcool, mas falham. Não porque bebam demais, mas por esperarem um prazer especial daquela taça de vinho a mais ou do segundo (ou terceiro) drinque.

É consenso que o consumo moderado de álcool é positivo ao peso corporal, em comparação com o consumo exagerado. O difícil é definir o que é *moderado* quando o assunto é bebida.

Um estudo realizado pela Clínica Mayo e pela Universidade Texas Tech, publicado no jornal online *BMC Public Health*, mostra que quem bebe cerca de um drinque por dia tem 54 por cento menos chance de ficar obeso (ou seja, 20 por cento ou mais acima do peso corporal saudável) do que quem não bebe. Entre as pessoas que bebem moderadamente, metade tinha peso relativamente normal, contra cerca de um quarto dos abstêmios.

Não estou fazendo uma apologia ao álcool, apenas ressaltando que o consumo moderado pode ser benéfico à saúde e à disposição, principalmente quando a taça de vinho acompanha uma conversa agradável.

Por outro lado, o mesmo estudo descobriu que consumir mais de duas garrafas de cerveja, 600 ml de vinho ou quatro doses de 45 ml de destilados por dia faz com que a pessoa tenha 46 por cento mais chances de ser obesa ou ficar acima do peso. De modo geral, os consumidores moderados com menos propensão à obesidade foram os que ingeriam em média um ou dois drinques menos de cinco vezes por semana.

Há evidências da vantagem do consumo do vinho tinto em relação a outros tipos de bebidas, principalmente porque as uvas contêm antioxidantes que ajudam a prevenir doenças do coração e alguns tipos de câncer. A cerveja escura é preferível à clara por motivos parecidos. De modo prático, acredito que o vinho tinto é uma bebida mais indicada a se bebericar que a cerveja e o vinho branco gelado; ele pode ajudar as pessoas a se manter na categoria moderada.

Portanto, veja como o vinho tinto pode integrar os alimentos que dão bem-estar. Se a perda de peso for um dos seus objetivos, cortar o álcool durante as duas semanas iniciais e a partir daí limitar o consumo a uma ou duas taças por semana tem grande chance de ajudá-lo a alcançar sua meta. Quando chegar ao peso desejado, faça com que a sua disposição e a sua energia mostrem o que o consumo moderado significa para o seu corpo.

Alguns clientes se satisfazem bebendo algumas taças de vinho por semana (e sentem prazer com isso), enquanto outros, principalmente os que se exercitam regularmente, acreditam que a combinação de atividade física e programa alimentar aumenta tanto a sua disposição e os faz sentir tão bem que nem ao menos desejam (ou precisam) da sensação que obtêm do álcool. Eles lidam bem com o estresse e não precisam anuviar os pensamentos para se divertir. Preferem o estado de espírito cristalino dos altos níveis de energia física e mental, e não querem se sentir embotados ou amortecidos pelo álcool.

Depois de apresentar os dados da pesquisa sobre o álcool, permitam-me fazer uma contribuição pessoal, extraída de anos de experiência prática. O álcool é capaz de diminuir o estresse e relaxar, mas também diminui as inibições e aumenta o apetite.

Tudo que peço são duas semanas sem álcool. Nesse período, aprecie a companhia, enquanto as pessoas apreciam o álcool. Substitua o ritual do álcool por algo delicioso como um suco de frutas frescas servido em um copo de coquetel ou em uma taça de vinho. Mais adiante vamos falar a respeito da importância dos rituais. Em vez de dizer "não", oferecemos uma alternativa divertida e atraente. Quando menos perceber, os aficionados por vinho vão passar a perguntar o que estão bebendo e por quê.

Mais uma observação sobre o álcool: assim como tudo nesta dieta, o momento certo e a combinação exercem um papel importante. Sempre coma antes de beber. Comer uma porção de camarão cozido ou outra proteína magra antes de beber afeta significativamente a absorção do álcool no estômago. O alimento retarda o transporte do álcool para o duodeno (o intestino delgado). Quanto mais tempo o álcool ficar no estômago, menos efeito terá durante uma festa ou no dia seguinte.

## Não corte o café ou os refrigerantes de cola, apenas controle o consumo depois do almoço

Como destacamos no capítulo 1, as bebidas cafeinadas fazem parte da lista de alimentos que nos fazem sentir bem. Elas passam a fazer parte da lista de alimentos que causam mal-estar apenas se consumidas em excesso.

Aqui vai a regra para a boa disposição: se você era um grande bebedor de café antes de começar esta dieta, continue a consumir uma ou duas bebidas cafeinadas por dia – mas apenas antes do meio-dia. Depois disso, prefira o chá verde se desejar uma injeção (moderada) de disposição. Beber mais água durante a tarde é outra estratégia de sucesso.

Agora, uma questão importante. O que quer dizer uma ou duas bebidas cafeinadas, e o que quer dizer "grandes quantidades"? Duas a 3 xícaras de café coado em casa, 1 a 2 xícaras pequenas de café expresso, 1 a 2 xícaras de chá mate ou preto ou 1 a 2 latas de refrigerante (prefira as opções *diet* e *light*) se encaixam nos parâmetros de boa disposição deste programa.

Uma dose grande é qualquer coisa acima disso – e você, melhor que ninguém, sabe como a cafeína afeta a sua disposição. Algumas pessoas sentem-se melhor com quantidades um pouco maiores, mas seja honesto e fique alerta ao que acontece quando consome mais cafeína que o recomendado. Lembre-se de que o meio do dia é o limite para o consumo de cafeína.

A mudança nos hábitos de consumo de cafeína requer algum planejamento. Tome bastante água à tarde, especialmente nos momentos em que sentir vontade de um cafezinho. Providencie uma garrafa térmica para fazer chá verde se não tiver como esquentar a água durante o dia. Experimente as muitas variedades de chá verde – faça disso uma tarefa divertida.

Você pode tomar até 3 xícaras de chá verde durante a tarde (de 470 a 600 ml) e aumentar a sua disposição. Pode "mudar" o que bebe nos intervalos do trabalho e ainda assim aumentar a sua disposição.

## Conheça o poder das frituras e carnes gordas

Qualquer pessoa sabe que frituras e carnes gordas nunca farão parte de uma estratégia alimentar, mas ninguém comenta o poder de aumentar a disposição contido nas frituras e nas carnes gordas. É um poder nada positivo, mas ainda assim estimula a disposição. O problema é que exageramos no consumo desses alimentos, por isso nos sentimos mal.

Nas duas semanas da fase Aceleradora, peço que corte frituras e carnes gordas para criar um parâmetro de boa disposição. Então, quando avançar para a segunda fase, peço que avalie que reação esses alimentos provocam. Não sinta culpa por comê-los, mas perceba como se sente algumas horas depois.

Há uma distinção importante a fazer a respeito das frituras: os refogados, os grelhados na frigideira com pouquíssimo óleo e as frituras profundas (com óleo suficiente para cobrir o alimento). Os refogados e os grelhados na frigideira podem muito bem ser incorporados ao programa, mas as frituras diminuem a disposição. Você pode descobrir que o peixe grelhado ou as batatas assadas podem ser tão saborosos quanto o peixe e as batatas fritas. E o que é melhor: a sua disposição não será frita a reboque.

## Mude os seus lanches: coma mais

Meus clientes ficam felizes ao descobrir que não corto os lanches, muito pelo contrário. Quero que tome uma vitamina no meio da manhã, faça o lanche da tarde e tome um chocolate quente antes de deitar-se.

Meu objetivo é mudar os seus lanches. O termo "lanche" evoca imagens de biscoitos e salgadinhos, ou uma fruta, se pensar em algo mais saudável. O lanche deste programa assegura a ingestão de proteínas, carboidratos e gorduras saudáveis. Isso exclui a maioria dos biscoitos e salgadinhos e até uma boa parcela de frutas (as que têm apenas carboidratos).

Os cardápios do capítulo 3 sugerem lanches para 14 dias, mas há uma receita particular que há anos utilizo com atletas de primeira linha e mães que trabalham fora. Trata-se de uma lata de suco de vegetais e uma porção de nozes, amêndoas ou castanhas de caju (10) ou 2 castanhas-do-pará e frutas secas (4 a 5 ameixas ou damascos, ou um punhado de passas); se for uma pessoa muito ativa, acrescente uma fatia pequena de queijo branco. Levando esses alimentos para o trabalho, deixará de lado os salgadinhos industrializados.

Se insiste em que uma maçã à tarde sacia sua fome, ótimo. Só peço que coma também algumas nozes ou castanhas. Então, veja como se sente uma ou duas horas depois desse lanche energizante. Você ficará surpreso! Vai se convencer de que comer mais alimentos que dão bem-estar é melhor do que acabar com um pacote de salgadinhos ou comer barrinhas de cereais (que não têm proteínas nem trazem benefícios ao bem-estar).

Os salgadinhos gordurosos são mais convenientes que apreciados – é fácil comprá-los. Alguém traz biscoitos recheados para o escritório e você come um ou dois – ou três. Se não consegue imaginar a vida sem lanchar "porcarias", a minha sugestão são salgadinhos de soja: são saborosos, ricos em proteínas e isentos de gordura trans. Não se sinta culpado: você DEVE comê-los, pois realmente dão boa disposição.

*Nota:* a estratégia deste programa é substituir o conteúdo dos lanches, não cortá-los; eles são tão essenciais quanto as refeições.

## Não corte alimentos industrializados, mas fique atento

Há uma grande probabilidade de que você tenha ouvido a vida inteira que a única forma de perder peso é parar de comer.

Deixemos esse conceito de lado. Para mim, uma das melhores formas de perder peso é controlar o volume de açúcar "embutido" nas refeições. O apêndice *O açúcar embutido nos alimentos industrializados*, ao final do livro, trata da quantidade de açúcar presente nesses produtos. Você já deve desconfiar que os biscoitos recheados são como ímãs para o açúcar, mas é bom que saiba que em muitas marcas de iogurte de frutas (mesmo as variedades naturais) a quantidade de açúcar é superior a duas colheres de sopa, que você pode se permitir duas vezes por semana. Consuma esse iogurte se quiser muito, mas isso implica que, para ficar nos parâmetros da boa disposição, terá de deixar a sobremesa de lado. A minha sugestão é substituir o iogurte com açúcar por iogurte natural desnatado e ingeri-lo com frutas, deixando as colheres de açúcar para outras situações.

Alguns leitores podem estar pensando: "É, mas os meus biscoitos são *diet* e com pouca gordura". Até as indústrias de chocolates produzem variedades sem açúcar. A não ser que esses produtos tenham sido indicados por um médico, a minha conclusão é a de que essas linhas de produtos sem açúcar não aumentam a disposição, pois contêm excesso de carboidratos refinados.

Algumas palavras sobre carboidratos. Não é que todos os carboidratos engordam. Na verdade, os carboidratos simples ou refinados (açúcares e amido) presentes nos alimentos industrializados atrapalham o metabolismo das gorduras. A insulina, hormônio vital para a produção de músculos e para o metabolismo, também pode produzir mais calorias para que o corpo produza gorduras. Quando você ingere carboidratos refinados em alimentos industrializados, a insulina reage com um estímulo de produção exagerado. Em vez de enviar esses açúcares e carboidratos refinados para o metabolismo, o corpo passa a preferir armazená-los sob a forma de gordura, graças ao aumento rápido nos níveis de insulina. Ou seja, você engorda e nem ao menos colhe os benefícios do aumento de disposição.

A alternativa é escolher frutas, vegetais e grãos integrais, que contêm carboidratos complexos, que são digeridos mais lentamente e produzem mais energia.

Apesar de ser apenas um simples tópico na lista de alimentos que causam mal-estar, o açúcar é um ingrediente predominante na maioria dos produtos industrializados. E não há como saber a quantidade de açúcar adicionado nos alimentos industrializados, já que os fabricantes ocultam essas informações como segredos de Estado. Então, para que você passe a controlar esse poderoso depressor da disposição, o programa determina o número de colheres de sopa de açúcar "embutido" que você pode consumir diariamente para que possa se satisfazer e se sentir bem. Isso exclui o açúcar natural encontrado nas frutas e no leite. O termo "embutido" implica que o açúcar é um ingrediente adicionado.

É difícil viver sem açúcar. Não existe problema algum em consumir açúcar de vez em quando, mas seja moderado; a sua disposição agradece. Se deseja adoçar algum alimento, prefira os adoçantes não calóricos.

Em visitas ao supermercado com os meus clientes (*veja o capítulo 4*), conversamos sobre a leitura das tabelas nutricionais de alimentos industrializados. O meu programa define 24 gramas de açúcar embutido ao dia – 48 gramas por semana – quando você sai da fase Aceleradora.

## Crie rituais

Você quer relaxar, aproximar-se de outras pessoas, aproveitar a vida. É possível continuar tomando um copo daquela cerveja que você adora no próximo churrasco entre amigos. O ideal é adotar rituais saudáveis para garantir o estímulo emocional que geralmente esperamos do álcool.

O ato de beber em grupo é um ritual. Participe dele e, em vez de abrir mão do ritual do drinque com amigos, substitua o álcool por coquetéis de frutas.

# 3

# A dieta da boa disposição: cardápios para duas semanas

Este livro promete três resultados distintos para o programa alimentar:

- Ter mais disposição em apenas um dia
- Eliminar a depressão em uma semana
- Perder peso definitivamente em um mês

Bem-vindo ao plano e ao cardápio que irão ajudar você a atingir não só esses resultados como muito mais benefícios. O programa será apresentado em detalhes, passo a passo, refeição a refeição, acompanhando cada melhora em seu bem-estar.

Detalhe importante: antes de iniciar a dieta, explico aos meus clientes que durante duas semanas, no mínimo, a recomendação é eliminar os alimentos que causam mal-estar e incluir os alimentos da boa disposição. Isso acaba com o risco de escolhas e quantidades erradas na dieta e garante os resultados prometidos para um dia, uma semana e um mês. Você irá se sentir melhor quase que imediatamente após o início da dieta e começará a perder o peso que precisa. A única coisa que lhe peço são duas semanas radicais, para proporcionar ao organismo e à mente uma fase de aprendizado, que eu costumo chamar de Aceleradora.

Ao final da primeira semana, estará se sentindo muito melhor e provavelmente nunca mais desejará voltar a se sentir como antes. Trish Zucotti mal conseguia acreditar no seu bem-estar após alguns dias da dieta, apesar de sempre ter praticado esportes e ter uma boa alimentação.

"É inacreditável o aumento de energia que adquiri para os treinos e o trabalho no escritório", lembra ela.

Jennifer Lail disse que sua primeira noite de sono após o início da dieta foi a melhor que teve em anos, e várias pessoas repetiram o mesmo alegremente. Sharon Lee Hamilton disse ter ficado menos estressada com seus filhos pequenos.

Após uma semana, Jennifer afirmou sentir uma melhora perceptível da depressão moderada que a acompanhava há muito tempo. Outros clientes confidenciaram a mesma coisa, às vezes emocionados com a mudança radical da fase Aceleradora.

O curioso é que muitos clientes e leitores deste livro iniciam o programa motivados pela perda de peso. A fase Aceleradora coloca o corpo rapidamente nesse caminho. Você começa a perder gordura e ganhar massa muscular. Perde peso. Mas o motivo principal pelo qual não desistirá da dieta é que ela dá boa disposição.

Após as primeiras duas semanas da fase Aceleradora, terá a opção de continuar a dieta ou incluir alguns dos alimentos que causam mal-estar, mas são capazes de melhorar o ânimo, se consumidos na quantidade certa. Chamo essa opção de Emagreça Sentindo-se Ótimo.

A fase Aceleradora é benéfica do ponto de vista nutricional também a longo prazo, pois a única coisa que faz é eliminar os alimentos que causam mal-estar. Alguns de meus clientes seguem essa fase até perderem os quilos que desejam ou alcançarem seus objetivos de rendimento – ou as duas coisas. Outra estratégia eficiente é reintroduzir a fase Aceleradora na dieta a cada três ou seis meses, ou sempre que precisar de mais ânimo. Algumas pessoas a utilizam em períodos intensos de trabalho para obter mais energia e melhorar seu desempenho.

Outras optam pela fase Emagreça Sentindo-se Ótimo, menos rígida. Sentem-se felizes ao incluírem alguns alimentos de forma seletiva e ficam ansiosas por testar a minha posição de que um pouco de chocolate, vinho tinto ou até 6 colheres de chá de açúcar "embutido" duas vezes por semana ajudam a seguir o programa sem comprometer o humor.

Vamos começar abordando as orientações gerais do plano, às quais dou o nome de "módulo alimentar". Depois trataremos dos cardápios para as duas semanas seguintes, oferecendo idéias concretas para preparar refeições e fazer escolhas em restaurantes.

## Módulo alimentar

### Decore o módulo alimentar ou tenha-o sempre à mão

Muitos clientes fazem uma cópia destas orientações, que contêm o perfil de cada grupo de alimento e as combinações para as refeições e os lanches de cada dia. Com o tempo, você memorizará esse módulo, principalmente depois das primeiras duas semanas da fase Aceleradora.

### Identifique seu grupo no módulo alimentar

Dividi os perfis de indivíduos em três grupos principais, de acordo com a quantidade de calorias consumidas e o nível de atividade. Isso ajudará você a escolher o grupo que melhor corresponde aos seus objetivos. Lembre-se de que é possível passar de um grupo ou nível calórico a outro, caso seu estilo de vida mude.

**Grupo 1:** aqui estão as mulheres moderadamente ativas (que não se exercitam tanto quanto gostariam) que querem perder peso ou eliminar gordura localizada. O Grupo 1 contém 1.600 calorias diárias.

**Grupo 2:** engloba homens moderadamente ativos que querem perder peso ou gordura localizada. Inclui também mulheres que iniciaram o programa no Grupo 1 mas perceberam que continuam sentindo fome, por exemplo, no meio da manhã ou da tarde, principalmente se estão se exercitando em um nível muito intenso. A dieta do Grupo 2 contém 1.800 calorias diárias. Alguns homens que começam neste grupo talvez decidam passar para o Grupo 3 depois de perderem peso e/ou aumentarem o ritmo de exercícios, enquanto outros apreciam o efeito de ganho muscular e controle de peso e se mantêm no 2.

**Grupo 3:** é um plano de 2.200 calorias diárias apropriado para pessoas muito ativas. Há anos eu o aplico em atletas de primeira linha, embora sua exigência calórica seja ainda mais elevada. É importante que os indivíduos do Grupo 3 distribuam bem os horários das refeições e dos lanches, a fim de otimizar a energia para os treinos e a recuperação depois da atividade física. Esse fator crucial da quantidade de descanso para a recuperação será abordado no capítulo 6.

## Como encaixar este módulo na sua rotina

O módulo é basicamente um conjunto de números que ajuda a elaborar a dieta. É possível concentrá-los todos em uma única folha de papel. Logo você reconhecerá o que integra uma refeição ou um lanche ideal.

Apresento o módulo e suas regras básicas, incluindo orientações específicas para as fases Aceleradora e Emagreça Sentindo-se Ótimo, e uma lista resumida do que qualifica cada grupo alimentar. Por fim, forneço cardápios detalhados para os 14 dias. Você encontrará uma lista ampliada de alimentos de cada grupo – amido, gorduras, proteínas magras etc. – no apêndice *Grupos de alimentos que proporcionam bem-estar (p. 152)*.

## O módulo alimentar

Se você seguir este padrão de refeições e lanches diariamente, irá otimizar a disposição e a perda de peso. Para conciliar a dieta com o dia-a-dia, é possível trocar as refeições, quando necessário, ou até saborear uma vitamina em vez de frutas no jantar. Entretanto, este módulo tem como base anos de sucesso com clientes e diversos estudos científicos sobre o desempenho cerebral e muscular. Ingerir as combinações de alimentos sugeridas nos horários estipulados – cuidando para jamais passar mais do que duas horas e meia, no máximo três, sem se alimentar – fará uma diferença sensível tanto na sua energia como na sua aparência.

## Café-da-manhã

| Grupo 1 | Grupo 2 | Grupo 3 |
| --- | --- | --- |
| 1 porção de amido | 1 porção de amido | 2 porções de amido |
| 1 porção de fruta | 1 porção de fruta | 1 porção de fruta |
| 1 porção de leite | 1 porção de leite | 1 porção de leite |
| 1 porção de proteína com teor médio de gordura | 1 porção de proteína com teor médio de gordura | 1 porção de proteína com teor médio de gordura |
| 1 porção de gordura | 1 porção de gordura | 1 porção de gordura |
| Água | Água | Água |

## Lanche da manhã

| Grupo 1 | Grupo 2 | Grupo 3 |
| --- | --- | --- |
| 1 porção de leite | 1 porção de leite | 1 porção de leite |
| 2 porções de proteína magra | 2 porções de proteína com teor mínimo de gordura | 3 porções de proteína com teor mínimo de gordura (incluindo 7 g de proteína proveniente de suplemento protéico em pó) |
|  |  | 1 fruta |

## Almoço

| Grupo 1 | Grupo 2 | Grupo 3 |
| --- | --- | --- |
| 1 porção de amido | 2 porções de amido | 2 porções de amido |
| 2 porções de legumes | 2 porções de legumes | 2 porções de legumes |
| 3 porções de proteína com teor mínimo de gordura | 4 porções de proteína com teor mínimo de gordura | 4 porções de proteína com teor mínimo de gordura |
| 1 porção de gordura | 1 porção de gordura | 2 porções de gordura |
| Água | Água | Água |

## Lanche da tarde

| Grupo 1 | Grupo 2 | Grupo 3 |
| --- | --- | --- |
| 1 porção de fruta | 1 porção de fruta | 1 porção de fruta |
| 1 porção de legumes | 2 porções de legumes | 2 porções de legumes |
| 1 porção de gordura | 2 porções de gordura | 2 porções de gordura |
|  | 1 porção de proteína com teor mínimo de gordura | 2 porções de proteína com teor mínimo de gordura |

**Jantar**

| Grupo 1 | Grupo 2 | Grupo 3 |
|---|---|---|
| 2 porções de amido | 2 porções de amido | 2 porções de amido |
| 1 porção de fruta | 1 porção de fruta | 1 porção de fruta |
| 2 porções de legumes | 2 porções de legumes | 2 porções de legumes |
| 4 porções de proteína magra | 4 porções de de proteína magra | 4 porções de proteína magra |
| | | 1 porção de proteína com teor mínimo de gordura |
| 2 porções de gordura | 2 porções de gordura | 2 porções de gordura |
| Água | Água | Água |

**Ceia**

| Grupo 1 | Grupo 2 | Grupo 3 |
|---|---|---|
| 1 porção de leite | 1 porção de leite | 1 porção de leite |

## Regras básicas de consumo

Uma gema de ovo ou uma porção de soja (na forma de tofu ou leite de soja) todos os dias. Se tiver colesterol alto ou histórico familiar de doenças cardíacas, prefira a soja ao ovo.

Um punhado de nozes ou castanhas (ou óleo de sementes) todos os dias.

Peixe cinco vezes por semana – torne isso um objetivo.

Coma uma boa variedade de legumes e verduras, incluindo aqueles ricos em carotenóides e os da família *Brassica* (crucíferas) e *Allium* (ver ao final do livro *Grupos de alimentos que dão bem-estar*). Este conselho é um pouco diferente da recomendação genérica "coma verduras" e impulsionará seu ganho de disposição e perda de peso. Note que os vegetais ricos em amido, como batata e milho, contam como porções de amido nesta dieta.

Consuma grande variedade de frutas, incluindo as cítricas e vermelhas diariamente. Estes dois grupos merecem destaque entre os alimentos que dão bem-estar.

Beba de 5 a 6 copos de água e de 9 a 11 copos de líquido por dia; isso inclui quantidades moderadas de café e chá verde. Procure limitar o suco de frutas a um copo por dia; no meio da tarde, prefira suco de legumes para aumentar a disposição.

Tome todos os dias um suplemento multivitamínico e mineral que contenha 100 por cento da quantidade mínima diária recomendada de cada nutriente. As mulheres na menopausa e os homens devem escolher um suplemento adequado às suas necessidades.

## Grupos de alimentos: explicação resumida do módulo alimentar

Veja abaixo o que significa cada grupo de alimentos e como calcular o tamanho das porções. No final do livro, há uma lista ampliada desses alimentos, divididos por categoria.

| Grupo de alimento | Porção |
|---|---|
| **Amido** | 1 fatia de pão; 2 colheres (sopa) de cereal cozido, macarrão ou vegetais ricos em amido (como batatas ou ervilhas); 3 colheres (sopa) de arroz; 30 g de cereal industrializado; 1/2 pão de leite, francês ou sírio; 1 bisnaga pequena; 3 a 4 bolachas tipo cracker pequenas ou 2 grandes |
| **Fruta** | 1 fruta fresca de tamanho pequeno a grande; 1/2 xícara de frutas frescas misturadas ou suco de fruta; 1/2 xícara de frutas secas; 1 laranja; 1 fatia de melão |
| **Leite** | 1 xícara de leite desnatado ou semidesnatado, leite de soja ou iogurte natural |
| **Legumes** | 1/2 xícara de legumes ou verduras cozidos ou suco de legumes e verduras; 1 xícara de verduras ou legumes crus |
| **Proteína com teor mínimo de gordura** | 30 g de carne branca magra (frango ou peru); 30 g de bacalhau, linguado ou atum frescos ou em conserva em água; 30 g de mariscos; 30 g de queijo com menos de 1 g de gordura a cada 30 g; 30 g de embutidos com menos de 1 g de gordura a cada 30 g; 2 claras de ovo |
| **Proteína magra** | 30 g de carne magra de boi, porco, cordeiro ou vitela, limpa; 30 g de carne escura de peru ou frango sem pele ou de carne de frango branca com pele; 30 g de ostras, salmão, badejo, sardinhas ou atum enlatado em óleo; 1/4 de xícara de queijo cottage ou 2 colheres (sopa) de parmesão ralado; |

|   | 30 g de queijo com menos de 3 g de gordura a cada 30 g; 30 g de embutidos com menos de 3 g de gordura a cada 30 g |
|---|---|
| **Proteína com teor médio de gordura** | 30 g da maioria dos tipos de carne de boi, porco, cordeiro e vitela, limpa; 30 g de carne escura de frango com pele, peru desfiado ou frango desfiado; 30 g de qualquer fruto do mar; 30 g de queijo com menos de 5 g de gordura a cada 30 g; 1 ovo inteiro; 1 xícara de leite de soja, 1/4 de xícara de tempeh ou 1/2 xícara de tofu |
| **Gordura** | 1 colher (chá) de manteiga, margarina ou óleo vegetal; 1 colher (sopa) de molho para salada convencional; 2 colheres (sopa) de molho para salada light; 1 colher (sopa) de maionese light; 2 colheres (sopa) de cream cheese light; 1/4 de abacate (médio); 8 azeitonas; 6 a 10 nozes ou castanhas; 2 colheres (sopa) de pasta de amendoim ou tahine; 1 colher (sopa) de sementes |

## Total de porções diárias

Veja abaixo como ficará seu quadro diário de porções:

### Número de porções

|   | Grupo 1 | Grupo 2 | Grupo 3 |
|---|---|---|---|
| Amido | 4 | 5 | 6 |
| Fruta | 3 | 3 | 4 |
| Leite | 3 | 3 | 4 |
| Legumes | 5 | 6 | 6 |
| Proteína com teor mínimo de gordura | 5 | 7 | 9 |
| Proteína magra | 4 | 4 | 5 |
| Proteína com teor médio de gordura | 1 | 1 | 1 |
| Gordura | 5 | 6 | 8 |

## Fase Aceleradora: as duas semanas iniciais

Para otimizar a perda de peso, consuma chá verde e/ou cacau em pó diariamente. Beba até 3 xícaras de chá verde se deseja continuar tomando café, ou 5 xícaras, caso elimine o café. Tanto o chá verde quanto o cacau ajudam a queimar gordura de forma mais eficiente.

Esta é a lista dos alimentos a excluir completamente do seu cardápio por apenas duas semanas (lembre-se: seja radical para que a perda de peso e o aumento da disposição sejam potencializados): álcool, grandes doses de cafeína, alimentos gordurosos em geral, carnes gordas, açúcar refinado, amido de milho e fécula de batata, encontrados em geral nos alimentos industrializados (mesmo naqueles "saudáveis"). Não acrescente nenhum tipo de açúcar à mesa nessas duas primeiras semanas.

Uma observação importante sobre café e cafeína: se costuma consumir bastante cafeína, tome uma ou duas bebidas cafeinadas antes do almoço todos os dias. Aqui vão algumas opções:

- 2 ou 3 xícaras de café caseiro
- 1 a 2 xícaras pequenas de café expresso
- 1 a 2 xícaras de chá preto
- 1 ou 2 refrigerantes com cafeína (350 ml cada)

## Fase Emagreça sentindo-se ótimo

Se quiser, após duas semanas poderá voltar a incluir duas porções de vinho tinto, chocolate e/ou açúcar embutido na dieta – com moderação. Se notar qualquer impacto negativo no ânimo, torne a eliminar esses alimentos. Para melhores resultados na perda de peso, mantenha a quantidade total ingerida em duas porções por semana. Exemplos de porções:

- 140 ml de vinho (tinto, de preferência)
- 20 g de chocolate (meio amargo, de preferência)
- 6 colheres (chá) de açúcar embutido

Seguem exemplos de como acrescentar e combinar essas duas porções semanais, após as duas semanas da fase Aceleradora:

### Primeira semana da fase Emagreça sentindo-se ótimo
Domingo à tarde: 20 g de chocolate
Sexta à noite: 140 ml de vinho tinto

**Segunda semana da fase Emagreça sentindo-se ótimo**
Quarta à noite: 2/3 de xícara de frozen yogurt diet
(6 colheres de chá de açúcar embutido)
Sábado à noite: 20 g de chocolate

**Terceira semana da fase Emagreça sentindo-se ótimo**
Terça à tarde: 1 picolé de fruta (12 colheres de chá de açúcar embutido)

## Disposição para sempre

Depois de alcançar seus objetivos de perda de peso, deixe que o humor seja o melhor guia para voltar a incluir os alimentos da lista "proibida". Poucos clientes abandonam o módulo completamente, porque se sentem bem demais seguindo-o. Eles percebem seus limites para consumir chocolate ou álcool e quando estão cometendo excessos.

Digamos que uma festa de casamento ou um jantar romântico fizeram você extrapolar a quantidade semanal de chocolate e vinho tinto. Espero que tenha curtido a comilança! Não fique remoendo a culpa. Simplesmente volte ao programa no dia seguinte. Volte à fase Aceleradora por alguns dias e perceba o aumento de ânimo e a melhora no humor, em comparação com aquela manhã após o jantar ou a festa. Deixe que o humor seja seu melhor guia.

## A dieta da boa disposição: cardápios para duas semanas

### Familiarize-se com esses menus-base

Este programa alimentar deve se adequar à sua vida. As páginas seguintes sugerem cardápios completos para os 14 dias de dieta, que incluem três refeições, dois lanches e até um chocolate quente todas as noites. Há dezenas de receitas no capítulo 8 para ajudar você a planejar os cardápios – e para mostrar como muitas vezes é possível preparar refeições deliciosas em minutos.

Esses cardápios são úteis também para você se habituar com as porções da dieta e com o novo ritmo de comer e relacionar o humor à comida.

Adapte-os ao seu próprio estilo de vida, fazendo as alterações necessárias. Um exemplo de variação: algumas pessoas trocam o café-da-manhã pela vitamina do meio da manhã, a fim de fazerem uma transição mais suave de uma vida inteira sem comer nada até o meio-dia para uma nova rotina de se alimentar regularmente.

## Monte o cardápio de acordo com seus objetivos

Os cardápios a seguir foram detalhados para o Grupo 1, aquele das mulheres que não levam uma vida muito ativa e buscam perder peso ou gordura localizada. Os indivíduos do Grupo 2 (homens que não têm vida muito ativa e desejam perder peso ou gordura localizada, ou mulheres muito ativas cujo objetivo é a perda de peso) e do Grupo 3 (pessoas muito ativas que não buscam perder peso) precisarão acrescentar calorias à dieta para controlar a fome enquanto incrementam o humor e o funcionamento do organismo. Meus clientes, em geral, acrescentam essas porções adicionais em seus módulos e nos cardápios-base. Se não estiver no Grupo 1, deverá acrescentar as seguintes porções aos cardápios:

### Acréscimos para cada cardápio diário do Grupo 2 (dieta de 1.800 calorias)

Almoço: 1 porção de amido, 1 porção de proteína com teor mínimo de gordura
Lanche da tarde: 1 porção de legumes, 1 porção de gordura, 1 porção de proteína com teor mínimo de gordura

### Acréscimos para cada cardápio diário do Grupo 3 (dieta de 2.200 calorias)

Café-da-manhã: 1 porção de amido
Lanche da manhã: 1 porção de proteína com teor mínimo de gordura (sendo que 7 g derivadas de suplemento protéico em pó), 1 porção de fruta
Almoço: 1 porção de amido, 1 porção de proteína com teor mínimo de gordura, 1 porção de gordura
Lanche da tarde: 1 porção de legumes, 1 porção de gordura, 2 porções de proteína com teor mínimo de gordura
Jantar: 1 porção de proteína magra

## Cardápios

Os cardápios a seguir são indicados para o Grupo 1 (1.600 calorias por dia). Para os Grupos 2 e 3, veja os acréscimos indicados na página anterior.

# Segunda-feira

### Café-da-manhã

| | |
|---|---|
| 1 porção de amido | 1/2 xícara de flocos de trigo integral ou 1 xícara de cereal matinal light |
| 1 porção de fruta | 2 colheres (sopa) de uvas-passas (ou 1/2 xícara de morangos ou amoras frescos) |
| 1 porção de leite | 1 xícara de leite desnatado |
| 1 porção de proteína com teor médio de gordura | 1 ovo (cozido, ou preparado de qualquer forma que não inclua gordura) |
| 1 porção de gordura | 1 colher (sopa) de linhaça moída |
| | Água |

### Lanche da manhã

| | |
|---|---|
| 1 porção de leite, 2 porções de proteína com teor mínimo de gordura | Vitamina caseira: bata no liquidificador 1 xícara de leite desnatado, 14 g de suplemento protéico em pó à base de soro de leite* e 3 cubos de gelo (as pessoas do Grupo 3 ou extremamente ativas e com peso saudável devem aumentar a quantidade de suplemento para 21 g) |

*Pesquise na internet os locais de venda do suplemento de soro de leite. Meça o suplemento na colher que vem com a embalagem e determine que fração equivale a 14 g.*

### Almoço

| | |
|---|---|
| 1 porção de amido | 1 xícara de caldo de frango e legumes com macarrão |
| 2 porções de legumes, 1 porção de gordura | 2 xícaras de salada verde com 2 colheres (sopa) de azeite e vinagre balsâmico |
| 3 porções de proteína com teor mínimo de gordura | 90 g de peru |
| | Água |

### Lanche da tarde

| | |
|---|---|
| 1 porção de fruta | 1 maçã |
| 1 porção de legumes | 1/2 xícara de suco de legumes ou tomate |
| 1 porção de gordura | 10 amendoins (os que vêm com casca fazem você comer mais devagar!) |
| | Água |

## Jantar

| | |
|---|---|
| 1 porção de amido | 2 colheres (sopa) de arroz integral |
| 1 porção de amido | 1/2 xícara de batata-doce cozida |
| 1 porção de fruta | 1 laranja |
| 2 porções de legumes | 1 xícara de brócolis ao vapor, temperados com vinagre balsâmico |
| 4 porções de proteína magra, 1 porção de gordura | 120 g de salmão grelhado, ou na chapa, temperado com 1 colher (chá) de azeite virgem extra |
| 1 porção de gordura | 8 azeitonas pretas grandes |
| | Água |

## Ceia

| | |
|---|---|
| 1 porção de leite | Chocolate quente: 1 xícara de leite desnatado aquecido com 2 colheres (chá) de cacau em pó e adoçante a gosto |

### *Café*

Não mencionei o café, mas acredite, não há problema em tomar pela manhã de uma a duas xícaras ou um a dois expressos pequenos. Como um ovo e bebo a quantidade de café permitida quando meus filhos acordam, o que costuma acontecer uma hora depois de eu haver comido o cereal, as uvas-passas e a linhaça.

# Terça-feira

## Café-da-manhã

| | |
|---|---|
| 1 porção de amido, 1 porção de proteína com teor médio de gordura | 1/2 pão sírio torrado com 1 ovo pochê |
| 1 porção de leite, 1 porção de fruta, 1 porção de gordura | 1 xícara de iogurte natural desnatado com 1 banana pequena em rodelas (ou 1 xícara de morangos ou amoras) e 1 colher (sopa) de linhaça moída |
| | Água |

## Lanche da manhã

| | |
|---|---|
| 1 porção de leite, 2 porções de proteína com teor mínimo de gordura, 1 porção de fruta | Vitamina caseira de laranja: bata no liquidificador 1 xícara de leite desnatado, 14 g de suplemento protéico em pó à base de soro de leite, 1/2 xícara de suco de laranja e 3 cubos de gelo |

## Almoço

| | |
|---|---|
| 1 porção de amido | 2 colheres (sopa) de arroz integral |
| 2 porções de legumes,<br>3 porções de proteína com<br>teor mínimo de gordura,<br>1 porção de gordura | Frango à chinesa: 1 xícara de legumes à chinesa com alho,<br>cebola e gengibre, e 90 g de carne branca de frango,<br>levemente refogada em 1 colher (chá) de óleo de<br>canola ou girassol |
| | Chá verde |

## Lanche da tarde

| | |
|---|---|
| 1 porção de fruta | 1 pêra |
| 1 porção de legumes,<br>1 porção de gordura | 1 xícara de minicenouras com 2 colheres (sopa)<br>de molho para salada light |
| | Água |

## Jantar

| | |
|---|---|
| 2 porções de pão,<br>1 porção de legumes | 1 xícara de macarrão integral cozido coberto com<br>1/2 xícara de carne moída com molho |
| 1 porção de legumes,<br>2 porções de gordura | Salada preparada com 1 xícara de alface, 1/2 xícara<br>de tomate picado, 1/2 xícara de pepino (em fatias),<br>1/8 de abacate (em fatias) e 2 colheres (sopa) de<br>molho para salada light |
| 4 porções de proteína magra | 120 g de carne magra grelhada ou na chapa<br>(boi, porco, cordeiro ou carne escura de aves) |
| | Água |

## Ceia

| | |
|---|---|
| 1 porção de leite | Chocolate quente: 1 xícara de leite desnatado aquecido<br>com 2 colheres (chá) de cacau em pó e adoçante a gosto |

# Quarta-feira

## Café-da-manhã

| | |
|---|---|
| 1 porção de amido,<br>1 porção de proteína com<br>teor médio de gordura,<br>1 porção de gordura | 1/2 xícara de aveia cozida (não a do tipo instantânea)<br>misturada com 1/2 xícara de tofu em cubos, 1 colher<br>(sopa) de linhaça moída e adoçante a gosto |
| 1 porção de fruta | 1 1/4 de xícara de morangos em fatias<br>(ou 1 maçã em cubos, caso não haja morangos) |
| 1 porção de leite | 1 xícara de leite desnatado |
| | Água |

### Lanche da manhã

| | |
|---|---|
| 1 porção de leite | 1 xícara de leite desnatado |
| 2 porções de proteína com teor mínimo de gordura | Omelete preparada com 4 claras de ovo |

### Almoço

| | |
|---|---|
| 1 porção de amido | 1 fatia de pão integral |
| 2 porções de legumes, 3 porções de proteína com teor mínimo de gordura, 1 porção de gordura | Salada de atum: 2 xícaras de folhas verdes com tomate, pimentão vermelho, palmito (se desejar), 90 g de atum em água, 2 colheres (sopa) de azeite com teor reduzido de gordura e vinagre balsâmico |
| | Água |

### Lanche da tarde

| | |
|---|---|
| 1 porção de fruta | 1/2 xícara de frutas secas |
| 1 porção de legumes | 1/2 xícara de suco de legumes ou tomate |
| 1 porção de gordura | 10 amêndoas torradas |
| | Água |

### Jantar

| | |
|---|---|
| 1 porção de amido, 1 porção de gordura | 1 pão de milho |
| 1 porção de amido, 1 porção de gordura | 1/2 xícara de purê de batata com 1 colher (sopa) de manteiga ou azeite |
| 1 porção de fruta | 1 grapefruit polvilhado com canela e adoçante a gosto e levemente grelhado |
| 2 porções de legumes | 1 xícara de aspargos ou vagens ao vapor, salpicados com vinagre balsâmico |
| 4 porções de proteína magra | 120 g de carne escura de peru |
| | Água |

### Ceia

| | |
|---|---|
| 1 porção de leite | Chocolate quente: 1 xícara de leite desnatado aquecido com 2 colheres (chá) de cacau em pó e adoçante a gosto |

# Quinta-feira

### Café-da-manhã

| | |
|---|---|
| 1 porção de amido, 1 porção de gordura | 1/2 xícara de flocos de trigo integral ou 1 xícara de cereal matinal light com 1 colher (sopa) de linhaça moída |

| | |
|---|---|
| 1 porção de fruta | 2 colheres (sopa) de uvas-passas (ou 1/2 xícara de morangos ou amoras frescos) |
| 1 porção de leite | 1 xícara de leite desnatado |
| 1 porção de proteína com teor médio de gordura | 1 ovo (cozido, ou preparado de qualquer forma que não inclua gordura) |
| | Água |

### Lanche da manhã

| | |
|---|---|
| 1 porção de leite, 2 porções de proteína com teor mínimo de gordura | Vitamina caseira: bata no liquidificador 1 xícara de leite desnatado, 14 g de suplemento protéico em pó à base de soro de leite e 3 cubos de gelo |

### Almoço

| | |
|---|---|
| 1 porção de amido, 3 porções de proteína com teor mínimo de gordura, 1/2 porção de gordura, 1 porção de legumes | Sanduíche aberto: 1 fatia de pão integral, 90 g de salmão defumado, 1 colher (sopa) de cream cheese light, pepinos, tomate e cebola em rodelas |
| 1/2 porção de gordura | 4 azeitonas pretas grandes |
| 1 porção de legumes | 1 xícara de cenoura em tiras |
| | Água |

### Lanche da tarde

| | |
|---|---|
| 1 porção de fruta | 1 maçã |
| 1 porção de legumes | 1/2 xícara de suco de legumes ou tomate |
| 1 porção de gordura | 10 amendoins *(os que vêm com casca fazem você comer mais devagar!)* |
| | Água |

### Jantar

| | |
|---|---|
| 2 porções de pão, 2 porções de gordura | 8 colheres (sopa) de macarrão integral cozido, temperado com 1 1/4 colher (sopa) de pesto (molho italiano) |
| 4 porções de proteína magra | 120 g de frango grelhado em tiras |
| 2 porções de legumes | 2 xícaras de pepinos, cenouras, aipo e tomates-cereja em rodelas |
| 1 porção de fruta | 1 1/4 de xícara de morangos com 1 colher (sopa) de chantilly |
| | Água |

### Ceia

| | |
|---|---|
| 1 porção de leite | Chocolate quente: 1 xícara de leite desnatado aquecido com 2 colheres (chá) de cacau em pó e adoçante a gosto |

### Suplemento protéico à base de soro de leite

O suplemento, em forma de vitamina batida com leite, é perfeito para ser ingerido após os exercícios. Conhecido como "proteína rápida", é digerido e absorvido com muita rapidez, o que ajuda seus músculos a se repararem, se recuperarem e se prepararem para mais uma jornada de treinos no dia seguinte. Beba-o logo após exercitar-se pela manhã – o ideal é que seja tomado até 30 minutos depois. Ele lhe dará energia para o resto do dia – os dias de morrer de fome às 4 horas da tarde ficarão para trás! Os suplementos aromatizados já vêm com adoçante suficiente para agradar a maioria dos paladares. Você também pode acrescentar uma das porções de fruta das outras refeições do dia na vitamina matinal, a fim de conferir doçura e sabor.

## Sexta-feira

### Café-da-manhã

| | |
|---|---|
| 1 porção de amido | 1 fatia de pão integral torrada |
| 1 porção de proteína com teor médio de gordura, 1 porção de gordura, 1 porção de fruta, 1 porção de leite | Vitamina de manga: bata no liquidificador 1 manga sem casca e em cubos, 1 xícara de leite desnatado, 120 g de tofu macio, 1 colher (sopa) de óleo de linhaça e adoçante a gosto |
| | Água |

### Lanche da manhã

| | |
|---|---|
| 1 porção de leite, | 1 xícara de leite desnatado |
| 2 porções de proteína com teor mínimo de gordura | Omelete preparada com 4 claras de ovo |

### Almoço

| | |
|---|---|
| 1 porção de amido, 1 porção de proteína com teor mínimo de gordura | 1 xícara de sopa de feijão |
| 2 porções de legumes, 2 porções de proteína com teor mínimo de gordura, 1 porção de gordura | Salada de atum: 2 xícaras de folhas verdes, 90 g de atum em água e 2 colheres (sopa) de azeite com teor reduzido de gordura e vinagre balsâmico |
| | Água |

## Lanche da tarde

| | |
|---|---|
| 1 porção de fruta | 1 laranja |
| 1 porção de legumes, | 1 xícara de minicenouras com 1 colher (sopa) de pasta |
| 1 porção de gordura | de amendoim sem sal ou açúcar |
| | Água |

## Jantar

| | |
|---|---|
| 1 porção de amido | 2 colheres (sopa) de arroz selvagem |
| 1 porção de amido | 2 colheres (sopa) de abóbora cozida |
| 1 porção de legumes, | 1/2 xícara de aspargos temperados com vinagre balsâmico |
| 1 porção de gordura | e 1 colher (chá) de azeite virgem extra |
| 4 porções de proteína magra, | 120 g de carne escura de peru com |
| 1 porção de legumes | 1/2 xícara de calda de morango (ver p. 132) |
| 1 porção de gordura | 8 azeitonas pretas grandes |
| 1 porção de fruta | 2 figos médios |
| | Água |

## Ceia

| | |
|---|---|
| 1 porção de leite | Chocolate quente: 1 xícara de leite desnatado aquecido com 2 colheres (chá) de cacau em pó e adoçante a gosto |

# Sábado

## Café-da-manhã

| | |
|---|---|
| 1 porção de amido, | 1 tortilla de milho torrada (ou 1 panqueca) com |
| 1 porção de gordura | 1 colher (chá) de manteiga light e sal de alho |
| 1 porção de fruta | 1/3 de melão cantalupo |
| 1 porção de leite | 1 xícara de leite desnatado |
| 1 porção de proteína com teor médio de gordura | 1 ovo mexido com 2 colheres (sopa) de molho a gosto |
| | Água |

## Lanche da manhã

| | |
|---|---|
| 1 porção de leite, | Vitamina caseira: bata no liquidificador 1 xícara de leite |
| 2 porções de proteína com teor mínimo de gordura | desnatado, 14 g de suplemento protéico em pó à base de soro de leite e 3 cubos de gelo |
| 1 porção de fruta | 1/2 xícara de manga |

A DIETA DA BOA DISPOSIÇÃO: **CARDÁPIOS PARA DUAS SEMANAS**

### Almoço

| | |
|---|---|
| 1 porção de amido, 2 porções de legumes, 3 porções de proteína com teor mínimo de gordura, 1 porção de gordura | Wrap de peru: 1 pão-folha, legumes à escolha, 90 g de peru, 1 colher (chá) de maionese e mostarda de Dijon (à vontade) |
| | Água |

### Lanche da tarde

| | |
|---|---|
| 1 porção de fruta | 1 maçã |
| 1 porção de legumes | 1/2 xícara de suco de legumes ou tomate |
| 1 porção de gordura | 10 amendoins *(os que vêm com casca fazem você comer mais devagar!)* |
| | Água |

### Jantar

| | |
|---|---|
| 2 porções de pão | 1 xícara de sopa de alho-poró |
| 2 porções de legumes | 1 xícara de brócolis ao vapor, salpicados com molho de salada light tipo italiano |
| 4 porções de proteína magra, 1 porção de gordura | 120 g de tilápia grelhada temperada com 1 colher (chá) de azeite, salpicada com 1 colher (sopa) de linhaça moída e 1/2 colher (chá) de sementes de gergelim; sirva com 2 colheres (sopa) de molho a gosto |
| | Água |

### Ceia

| | |
|---|---|
| 1 porção de leite | Chocolate quente: 1 xícara de leite desnatado aquecido com 2 colheres (chá) de cacau em pó e adoçante a gosto |

# Domingo

### Café-da-manhã

| | |
|---|---|
| 1 porção de amido, 1 porção de proteína com teor médio de gordura | 1/2 pão sírio torrado com 1 ovo pochê |
| 1 porção de leite, 1 porção de fruta, 1 porção de gordura | 1 xícara de iogurte natural desnatado com 1 banana pequena em rodelas (ou 1 xícara de morangos ou amoras) e 1 colher (sopa) de linhaça moída |
| | Água |

### Lanche da manhã

| | |
|---|---|
| 1 porção de leite, 2 porções de proteína com teor mínimo de gordura | Vitamina caseira: bata no liquidificador 1 xícara de leite desnatado, 14 g de suplemento protéico em pó à base de soro de leite e 3 cubos de gelo |

### Almoço

| | |
|---|---|
| 1 porção de amido,<br>2 porções de legumes,<br>3 porções de proteína com<br>teor mínimo de gordura,<br>1 porção de gordura | Taco de frango: 1 tortilla de milho (ou pão-folha) recheada<br>com alface em tiras, tomates em cubos, pimentão,<br>90 g de frango, 2 colheres (sopa) de creme de leite<br>e 2 colheres (sopa) de molho |
| | Água |

### Lanche da tarde

| | |
|---|---|
| 1 porção de fruta | 1 maçã |
| 1 porção de legumes | 1/2 xícara de suco de legumes ou tomate |
| 1 porção de gordura | 1 xícara de minicenouras com 2 colheres (sopa)<br>de molho para salada light |
| | Água |

### Jantar

| | |
|---|---|
| 2 porções de pão,<br>4 porções de proteína magra,<br>1 porção de legumes | 1 hambúrguer: 1 pão integral para hambúrguer com<br>120 g de alcatra moída e grelhada, alface, tomate, cebola,<br>picles, mostarda e 1 colher (sopa) de catchup |
| 1 porção de legumes,<br>1 porção de gordura | 1 xícara de salada verde com 2 colheres (sopa)<br>de molho para salada light |
| 1 porção de gordura | 8 azeitonas pretas |
| 1 porção de fruta | 17 uvas |
| | Água |

### Ceia

| | |
|---|---|
| 1 porção de leite | Chocolate quente: 1 xícara de leite desnatado aquecido<br>com 2 colheres (chá) de cacau em pó e adoçante a gosto |

# Segunda-feira

### Café-da-manhã

| | |
|---|---|
| 1 porção de amido,<br>1/2 porção de leite,<br>1 porção de proteína com<br>teor médio de gordura,<br>1 porção de gordura | Rabanada: embeba uma fatia de pão integral em 1/2<br>xícara de leite desnatado, 1 ovo batido, 1 colher (sopa) de<br>linhaça moída e 1/2 colher (chá) de canela; cozinhe em<br>uma frigideira antiaderente untada com spray; espalhe<br>a mistura de ovo restante sobre o pão |
| 1/2 porção de leite,<br>1 porção de fruta | 1/2 xícara de iogurte natural desnatado com<br>1 xícara de morangos ou amoras |
| | Água |

## Lanche da manhã

| | |
|---|---|
| 1 porção de leite, | Vitamina caseira de morango: bata no liquidificador 1 xícara |
| 2 porções de proteína com | de leite desnatado, 14 g de suplemento protéico em pó |
| teor mínimo de gordura, | à base de soro de leite, 3 cubos de gelo e 1 1/4 xícara |
| 1 porção de fruta | de morangos (frescos ou congelados) |

## Almoço

| | |
|---|---|
| 1 porção de amido, | 1/2 xícara de feijão cozido |
| 1 porção de proteína com teor mínimo de gordura | |
| 2 porções de legumes, | 2 xícaras de salada verde com 2 colheres (sopa) de azeite |
| 1 porção de gordura | com teor reduzido de gordura e vinagre balsâmico |
| 2 porções de proteína com teor mínimo de gordura | 60 g de peru |
| | Água |

## Lanche da tarde

| | |
|---|---|
| 1 porção de fruta | 1 maçã |
| 1 porção de legumes | 1/2 xícara de suco de legumes ou tomate |
| 1 porção de gordura | 10 amendoins |
| | (os que vêm com casca fazem você comer mais devagar!) |
| | Água |

## Jantar

| | |
|---|---|
| 2 porções de pão, | Sanduíche de peixe defumado: 1 pão integral com |
| 1 porção de gordura, | 2 colheres (sopa) de maionese light, 120 g de patê de |
| 4 porções de proteína magra, | peixe defumado (ver p. 116), alface, tomate em rodelas, |
| 2 porções de legumes | pepino, cebola e picles |
| 1 porção de gordura | 8 azeitonas pretas |
| | Água |

## Ceia

| | |
|---|---|
| 1 porção de leite | Chocolate quente: 1 xícara de leite desnatado aquecido |
| | com 2 colheres (chá) de cacau em pó e adoçante a gosto |

### *Peru*

A carne de peru é um alimento protéico com teor mínimo de gordura e rico em triptofano. Dá ânimo e reduz a ansiedade, principalmente nos dias mais estressantes.

### *Suco de legumes/verduras*

Uma minilata de suco de tomate dá um lanche perfeito e é fácil de levar na bolsa ou na mochila.

# Terça-feira

## Café-da-manhã

| | |
|---|---|
| 1 porção de amido, 1 porção de gordura | 1/2 xícara de aveia instantânea com 1 colher (sopa) de linhaça moída |
| 1 porção de fruta | 1/2 xícara de suco de laranja |
| 1 porção de leite | 1 xícara de leite desnatado |
| 1 porção de proteína com teor médio de gordura | 1 ovo cozido |
| | Água |

## Lanche da manhã

| | |
|---|---|
| 1 porção de leite, 2 porções de proteína com teor mínimo de gordura | Vitamina caseira: bata no liquidificador 1 xícara de leite desnatado, 14 g de suplemento protéico em pó à base de soro de leite e 3 cubos de gelo |

## Almoço

| | |
|---|---|
| 1 porção de amido, 3 porções de proteína com teor mínimo de gordura, 1 porção de gordura | 1 fatia de pizza de frango com catupiry |
| 2 porções de legumes | 2 xícaras de salada verde com 2 colheres (sopa) de molho para salada light |
| | Água |

## Lanche da tarde

| | |
|---|---|
| 1 porção de fruta | 1/2 xícara de suco de grapefruit |
| 1 porção de legumes, 1 porção de gordura | 1 xícara de minicenouras com 2 colheres (sopa) de molho para salada light |
| | Água |

## Jantar

| | |
|---|---|
| 2 porções de pão | 1 pão francês crocante |
| 2 porções de legumes, 1 porção de fruta, 2 porções de gordura | Salada de espinafre: 2 xícaras de espinafre com cebola-roxa em fatias, 1/2 xícara de laranjas em gomos, 1 fatia de bacon frito picado e 2 colheres (sopa) de molho para salada light |
| 4 porções de proteína magra | 120 g de salmão grelhado |
| | Água |

## Ceia

| | |
|---|---|
| 1 porção de leite | Chocolate quente: 1 xícara de leite desnatado aquecido com 2 colheres (chá) de cacau em pó e adoçante a gosto |

## Pizza

Não quero que você deixe de comer a comida preferida de quase todo mundo: pizza. A idéia é ser mais cauteloso quanto à quantidade de fatias que se ingere de cada vez. Se você estiver no Grupo 2 ou no 3, este seria o dia de acrescentar mais um pedaço, principalmente se você leva um estilo de vida bastante ativo.

# Quarta-feira

### Café-da-manhã

| | |
|---|---|
| 1 porção de amido, 1 porção de proteína com teor médio de gordura | 1 fatia de pão integral torrada com 1 ovo pochê |
| 1 porção de leite, 1 porção de fruta, 1 porção de gordura | 1 xícara de iogurte natural desnatado com 1 banana pequena em rodelas (ou 1 xícara de morangos ou amoras) e 1 colher (sopa) de linhaça moída |
| | Água |

### Lanche da manhã

| | |
|---|---|
| 1 porção de leite, 2 porções de proteína com teor mínimo de gordura | Vitamina caseira: bata no liquidificador 1 xícara de leite desnatado, 14 g de suplemento protéico em pó à base de soro de leite e 3 cubos de gelo |

### Almoço

| | |
|---|---|
| 1 porção de amido | 1/3 de xícara de arroz integral |
| 2 porções de legumes, 3 porções de proteína com teor mínimo de gordura, 1 porção de gordura | Camarões à chinesa: 1 xícara de legumes chineses, 90 g de camarão, cebola, alho e gengibre refogados em 1 colher (chá) de óleo de canola ou girassol |
| | Água |

### Lanche da tarde

| | |
|---|---|
| 1 porção de fruta | 1/2 xícara de manga seca |
| 1 porção de legumes, | 1/2 xícara de suco de legumes ou tomate |
| 1 porção de gordura | 6 amêndoas tostadas |
| | Água |

### Jantar

| | |
|---|---|
| 1 porção de amido | 1 xícara de batata e carne assadas |
| 1 porção de amido, 1 porção de gordura | 1 fatia de pão integral com grãos com 1 colher (sopa) de manteiga light |

| 2 porções de legumes | 1 xícara de cenouras com cebola e alho assados |
| --- | --- |
| 4 porções de proteína magra | 120 g de carne escura de frango ou ave, assada |
| 1 porção de gordura | 8 azeitonas pretas |
| 1 porção de fruta | 1 Metropolitan (ver p. 151) |

**Ceia**

| 1 porção de leite | Chocolate quente: 1 xícara de leite desnatado aquecido com 2 colheres (chá) de cacau em pó e adoçante a gosto |
| --- | --- |

### *Azeitonas*

Acrescente azeitonas à sua dieta, pois estão repletas de gordura saudável. Tanto as azeitonas quanto o azeite são ricos em lipídios benéficos ao cérebro que, ainda, ajudam a queimar as gordurinhas abdominais.

## Quinta-feira

### Café-da-manhã

| 1 porção de amido, 1 porção de gordura | 1/2 xícara de aveia cozida (não a do tipo instantânea) com 1 colher (sopa) de linhaça moída e adoçante a gosto |
| --- | --- |
| 1 porção de fruta | 1 1/4 de xícara de morangos em fatias (ou 1 maçã em cubos, caso não haja morangos) |
| 1 porção de leite | 1 xícara de leite desnatado |
| 1 porção de proteína com teor médio de gordura | 1 ovo (cozido, ou preparado de qualquer forma que não inclua gordura) |
| | Água |

### Lanche da manhã

| 1 porção de leite, 2 porções de proteína com teor mínimo de gordura | Vitamina caseira: bata no liquidificador 1 xícara de leite desnatado, 14 g de suplemento protéico em pó à base de soro de leite e 3 cubos de gelo |
| --- | --- |

### Almoço

| 1 porção de amido | 1 xícara de sopa de tomate |
| --- | --- |
| 2 porções de legumes, 1 porção de gordura | 2 xícaras de salada verde com 2 colheres (sopa) de azeite com teor reduzido de gordura e vinagre balsâmico |
| 3 porções de proteína com teor mínimo de gordura | 90 g de peru |
| | Água |

A DIETA DA BOA DISPOSIÇÃO: **CARDÁPIOS PARA DUAS SEMANAS**

### Lanche da tarde

| | |
|---|---|
| 1 porção de fruta | 8 damascos secos |
| 1 porção de legumes | 1/2 xícara de suco de legumes ou tomate |
| 1 porção de gordura | 6 amêndoas tostadas |
| | Água |

### Jantar

| | |
|---|---|
| 2 porções de pão, 2 porções de legumes, 4 porções de proteína magra, 2 porções de gordura | 2 burritos de salmão: 2 tortillas de trigo integral (ou pão-folha) enroladas com 2 xícaras de legumes (alface em tiras, repolho e tomate), 120 g de salmão grelhado, 1/8 de abacate em fatias, 3 colheres (sopa) de creme de leite light e 1/2 xícara de molho |
| 1 porção de fruta | 1 laranja |
| | Água |

### Ceia

| | |
|---|---|
| 1 porção de leite | Chocolate quente: 1 xícara de leite desnatado aquecido com 2 colheres (chá) de cacau em pó e adoçante a gosto |

---

### *Burritos*

Este prato mexicano é nutritivo e simples de fazer. É um tipo de panqueca, que pode ser feito com o pão árabe tipo folha, que é fácil de ser recheado e enrolado.

---

## Sexta-feira

### Café-da-manhã

| | |
|---|---|
| 1 porção de amido | 1 torrada integral |
| 1 porção de fruta | 1 banana média |
| 1 porção de leite, 1 porção de proteína com teor médio de gordura, 1 porção de gordura | Vitamina mocha: bata no liquidificador 1 xícara de leite desnatado, 120 g de tofu macio, 1 colher (chá) de óleo de linhaça, 1 xícara de café forte, 1 a 2 colheres (chá) de cacau em pó, adoçante a gosto e 2 a 3 cubos de gelo |

### Lanche da manhã

| | |
|---|---|
| 1 porção de leite, 2 porções de proteína com teor mínimo de gordura | Vitamina caseira: bata no liquidificador 1 xícara de leite desnatado, 14 g de suplemento protéico em pó à base de soro de leite e 3 cubos de gelo |

## Almoço

| | |
|---|---|
| 1 porção de amido | 1 xícara de caldo de frango e legumes com macarrão |
| 2 porções de legumes, 1 porção de gordura | 2 xícaras de salada verde com 2 colheres (sopa) de azeite com teor reduzido de gordura e vinagre balsâmico |
| 3 porções de proteína com teor mínimo de gordura | 90 g de peru |
| | Água |

## Lanche da tarde

| | |
|---|---|
| 1 porção de fruta | 1 laranja |
| 1 porção de legumes, 1 porção de gordura | 1 xícara de minicenouras com 1/2 colher (sopa) de pasta de amendoim sem sal ou açúcar |
| | Água |

## Jantar

| | |
|---|---|
| 2 porções de pão, 4 porções de proteína magra, 1 porção de legumes | Hambúrguer de peru: 1 pão integral para hambúrguer, 120 g de carne de peru moída, alface, tomate, cebola, picles e 1 colher (sopa) de catchup e mostarda à vontade |
| 1 porção de legumes, 1 porção de gordura | 1 xícara de salada verde com 2 colheres (sopa) de molho para salada light |
| 1 porção de gordura | 8 azeitonas pretas |
| 1 porção de fruta | Bliss de amoras (ver p. 147) |
| | Água |

## Ceia

| | |
|---|---|
| 1 porção de leite | Chocolate quente: 1 xícara de leite desnatado aquecido com 2 colheres (chá) de cacau em pó e adoçante a gosto |

---

### *Sopas e caldos*

Além de saciar a fome, fornecem líquidos e grande quantidade de nutrientes. No inverno, não há nada como um prato de sopa; no verão, refresque-se com uma sopa gelada, como o gazpacho (prato típico do sul da Espanha) ou a sopa de frutas.

---

# Sábado

## Café-da-manhã

| | |
|---|---|
| 1 porção de amido, 1 porção de proteína com teor médio de gordura, 1 porção de gordura | Sanduíche de ovo: 1/2 pão sírio integral recheado com 1 ovo cozido em pedacinhos, 1 colher (sopa) de linhaça moída, 2 colheres (sopa) de iogurte natural desnatado e 2 colheres (sopa) de molho |

A DIETA DA BOA DISPOSIÇÃO: **CARDÁPIOS PARA DUAS SEMANAS**

| 1 porção de fruta | 1 grapefruit (ou mexerica) |
|---|---|
| 1 porção de leite | 1 xícara de leite desnatado |
| | Água |

### Lanche da manhã

| 1 porção de leite, 2 porções de proteína com teor mínimo de gordura | Vitamina caseira: bata no liquidificador 1 xícara de leite desnatado, 14 g de suplemento protéico em pó à base de soro de leite e 3 cubos de gelo |
|---|---|

### Almoço

| 1 porção de amido | 1 batata pequena ou média, assada |
|---|---|
| 3 porções de proteína com teor mínimo de gordura, 1 porção de gordura | 1/2 xícara de guisado de carne |
| 2 porções de legumes | 2 xícaras de salada verde com 2 colheres (sopa) de molho para salada light |
| | Água |

### Lanche da tarde

| 1 porção de fruta | 8 damascos secos |
|---|---|
| 1 porção de legumes | 1/2 xícara de suco de legumes ou tomate |
| 1 porção de gordura | 1 colher (sopa) de sementes de girassol torradas |
| | Água |

### Jantar

| 2 porções de pão, 4 porções de proteína magra, 2 porções de gordura, 1 porção de fruta, 1 porção de legumes | 2 panquecas de peixe (ou tortillas de milho) recheadas com 120 g de peixe refogado em 2 colheres (chá) de óleo de canola, 1/2 xícara de molho de manga e 1 xícara de repolho branco e roxo em tiras e cebola em rodelas |
|---|---|
| 1 porção de legumes | 1 xícara de salada verde com 2 colheres (sopa) de molho para salada sem gordura |
| | Água |

### Ceia

| 1 porção de leite | Chocolate quente: 1 xícara de leite desnatado aquecido com 2 colheres (chá) de cacau em pó e adoçante a gosto |
|---|---|

## *Ovos*

Os ovos são repletos de nutrientes e sua proteína é da mais alta qualidade. A gema é rica em lecitina, importantíssima para a memória e a prevenção de doenças cerebrais. Se o seu coração e os vasos sanguíneos forem saudáveis, não há motivo para não ingerir um ovo ao dia. Caso contrário, alterne soja com ovos, pois a soja também é rica em lecitina, ou substitua o ovo por um alimento à base de soja a fim de alimentar o seu cérebro. Existem inúmeras maneiras de preparar ovos. Esse sanduíche de ovo matinal mencionado aqui é delicioso e muito fácil de fazer. Também é possível acrescentar a linhaça moída numa omelete de claras.

# Domingo

### Café-da-manhã

| | |
|---|---|
| 1 porção de amido | 1 fatia de pão integral torrada |
| 1 porção de leite, | 1 xícara de iogurte natural desnatado com 1 banana |
| 1 porção de fruta, | pequena em rodelas (ou 1/4 de xícara de morangos), |
| 1 porção de gordura | 1 colher (sopa) de linhaça moída e adoçante a gosto |
| 1 porção de proteína com teor médio de gordura | 1 ovo pochê |
| | Água |

### Lanche da manhã

| | |
|---|---|
| 1 porção de leite, | Vitamina caseira: bata no liquidificador 1 xícara de leite |
| 2 porções de proteína com | desnatado, 14 g de suplemento protéico em pó à base |
| teor mínimo de gordura | de soro de leite e 3 cubos de gelo |

### Almoço

| | |
|---|---|
| 1 porção de amido, 2 porções de legumes, 2 porções de proteína com teor mínimo de gordura, 1 porção de gordura | 1 porção de creme de mariscos Manhattan (*ver p. 114*) |
| 1 porção de proteína com teor mínimo de gordura | Ovos mexidos sem gema: borrife a frigideira com spray para untar e mexa duas claras de ovos sob fogo médio |
| | Água |

### Lanche da tarde

| | |
|---|---|
| 1 porção de fruta | 1 maçã |
| 1 porção de legumes | 1/2 xícara de suco de legumes ou tomate |
| 1 porção de gordura | 10 amendoins (*os que vêm com casca fazem você comer mais devagar!*) |
| | Água |

## Jantar

| | |
|---|---|
| 1 porção de amido, 1 porção de gordura | 1 espiga de milho grande temperada com 1 colher (chá) de azeite virgem extra |
| 1 porção de amido, 1 porção de gordura | 1/2 xícara de batata-doce cozida salpicada com 1 colher (sopa) de sementes de girassol torradas |
| 2 porções de legumes | 1 xícara de couve-de-bruxelas ao vapor temperada com mostarda picante |
| 4 porções de proteína magra | 120 g de carne magra na chapa ou grelhada (boi, porco, cordeiro ou carne escura de aves) |
| 1 porção de fruta | 1 laranja |
| | Água |

## Ceia

| | |
|---|---|
| 1 porção de leite | Chocolate quente: 1 xícara de leite desnatado aquecido com 2 colheres (chá) de cacau em pó e adoçante a gosto |

### *Legumes*

Quando se trata de legumes sem amido, tais como couve-de-bruxelas, repolho, alface, pimentões e pepinos, não limite a quantidade. O objetivo é incluir no mínimo 5 porções diárias na dieta. Portanto, ao comer uma salada grande, não se preocupe se a quantidade for superior a 2 xícaras. Aproveite!

# 4
# A cozinha da boa disposição

A chave para esta dieta é planejamento – aquilo que nossas avós costumavam fazer, principalmente na cozinha.

Se você quer alcançar saúde e boa forma, precisa seguir um plano. E qualquer plano requer um pouco de atenção regular para funcionar. Executamos parte deste planejamento, para facilitar sua vida na nova dieta. Comece pelos cardápios do capítulo 3. Escolha as refeições que lhe parecerem mais atraentes e pense com antecedência o que irá comer nos próximos dias. É possível trocar as refeições sugeridas nos cardápios por outras refeições indicadas. Se você gostar muito da entrada de uma das refeições, pode repeti-la em outros dias, mesmo se isso não estiver indicado no cardápio.

## Siga a lista de compras

Depois de planejar as refeições, veja o que será preciso comprar. Os cardápios são baseados na lista de alimentos que dão bem-estar, que serão a base da sua alimentação. Em pouco tempo, você estará totalmente familiarizado com os itens a incluir na despensa.

É fundamental ter os alimentos indicados em casa para seguir a dieta. Os produtos que dão boa disposição devem ser a opção mais rápida e fácil para se alimentar. A lista detalhada se encontra ao final deste capítulo.

## Não deixe de lado suas receitas favoritas – adapte-as à dieta

Como saber se sua receita preferida se encaixa neste programa? É simples. Os cardápios são baseados em um determinado número de porções diárias de amido, proteína, leite, legumes, frutas e gordura, tal como explicado no módulo alimentar do capítulo 3 (*p. 53*). Ao observar uma receita que seja uma combinação de diversos ingredientes, é preciso descobrir quantas porções dos diferentes grupos alimentares estão contidas em uma porção da receita.

É possível estimar a quantidade ingerida. Por exemplo, quando como pizza, calculo que a massa contida em uma fatia parece maior que uma fatia de pão. Portanto, conto como 1 1/2 porção de amido. É difícil obter mais do que 30 gramas de queijo em uma fatia, portanto ela contém apenas uma porção de proteína. O queijo ali presente é do tipo gorduroso, portanto estimo no mínimo uma porção de proteína com teor médio de gordura e mais uma porção de gordura. O molho de tomate e os legumes quase perfazem uma porção de legumes, mas não chegam a tanto. Esse cálculo é bastante aproximado e funciona muito bem, desde que você não coma pizza todos os dias.

Se a batata assada for bem pequena e couber em meia xícara, considere uma porção de amido. A maioria das batatas conta como duas porções de amido, não uma. Se acrescentar manteiga à batata, calcule que uma colher (chá) de manteiga é uma porção de gordura. Quanto ao molho de queijo, se estiver em um restaurante, calcule que a maior parte do molho é gordura e não proteína, portanto, estime que ele conta como duas porções de gordura.

Agora vamos calcular um prato de caldo de frango com macarrão. Provavelmente 1/3 do prato é de macarrão. Há apenas um pouquinho de frango, e o resto são legumes cozidos que fornecem algumas vitaminas e minerais. Calcule uma xícara desta sopa como uma porção de amido. Se o prato for grande, serão duas porções. A sopa de ervilha e a de feijão seguem a mesma fórmula, sendo que o feijão é uma ótima fonte de proteína. Então uma xícara de sopa de feijão conta como uma porção de proteína com teor mínimo de gordura e uma de amido. Se o prato for grande, são duas porções de cada.

Se a sopa for cremosa, serão uma ou duas porções de gordura por xícara. Cada 1/2 xícara de arroz ou macarrão conta como uma porção de amido.

Se no final de semana você tiver uma comemoração, aproveite; não se preocupe em contar as porções. Mas, se esses eventos forem rotineiros, é preciso estar atento. Por exemplo, em uma colher de purê de batatas, arroz ou macarrão existe o dobro de gordura do que nesses pratos feitos em casa.

Pratos à base de ovos contêm um ovo inteiro (proteína com teor médio de gordura) em cada porção de 1/2 xícara. Acrescente sempre uma porção de gordura e depois conte as demais porções dos outros ingredientes. O prato tem queijo? Adicione outra porção de proteína com teor médio de gordura e mais uma porção de gordura.

## Coma orgânicos sempre que possível

Várias feiras e supermercados possuem uma seção de orgânicos. Sou fã dos orgânicos porque acredito que sejam uma forma de agricultura mais sustentável para o planeta Terra. Existem provas consistentes de que o corpo de agricultores que aplicam químicos em suas plantações possui um índice elevado de contaminação. Algumas pesquisas indicam que a urina das crianças que comem produtos orgânicos apresenta uma quantidade significativamente menor de metabólitos químicos que a de crianças que consomem produtos convencionais.

Há quem afirme que os orgânicos têm gosto melhor, o que, na maioria das vezes, é verdade. Por outro lado, são mais caros. Se o custo não for um impedimento, compre orgânicos. O importante, no entanto, é comer frutas e legumes frescos, sejam eles orgânicos ou não.

No açougue e na peixaria, pense em variedade: frango, peru, cordeiro, carne de boi magra, carne de porco magra e todo tipo de peixe e mariscos. Compre uma quantidade para consumo imediato e outra para congelamento, de forma que sempre tenha opções disponíveis. Lembre-se de que as porções desta dieta em geral são de 90 a 120 gramas.

A questão dos orgânicos vem à tona também no caso da carne e dos laticínios. Muitos dos contaminadores presentes nos alimentos são lipossolúveis, e, como a carne e o leite são fonte de gordura, eu escolho os orgânicos sempre que possível. Essa medida reduz a quantidade consumida de resíduos provenientes de antibióticos, o que constitui uma boa estratégia para preservar a saúde. Se não encontrar esses produtos orgânicos, escolha os mais frescos que houver.

Quanto aos laticínios, opte por produtos desnatados ou semidesnatados. Assim, é fácil reduzir o consumo de gordura e de colesterol e abrir espaço para ingerir mais porções de gordura ao longo do dia.

Uma das grandes preocupações quanto ao leite é que muitas pessoas sofrem de intolerância à lactose, açúcar naturalmente encontrado no leite. Embora muita gente perca a capacidade de digerir lactose enquanto cresce, a maioria ainda possui uma pequena capacidade de digeri-la. Tantos meus clientes quanto eu já apresentamos reações de congestão nasal e sinusite ou intolerância digestiva em relação ao leite. A minha resposta, que em geral funciona muito bem, é: consuma no máximo 250 mililitros de leite por vez. Outra opção é substituir o leite por iogurte e queijo. O leite de cabra é outra alternativa, pois contém menos lactose que o de vaca.

## Cuidado com o açúcar embutido nos alimentos

Sou grande fã de iogurte. As culturas de bactérias, chamadas probióticas, são excelentes pois ajudam a prevenir doenças e problemas intestinais. Entretanto, a indústria alimentícia transformou um dos maiores esforços conjuntos da natureza e do homem em comida de baixa qualidade.

Observe as informações nutricionais de uma embalagem de iogurte convencional de 120 gramas. Um iogurte semidesnatado possui cerca de 2,5 gramas de gordura total, e os desnatados possuem ainda menos, ou nada. A maioria dos iogurtes contém de 7 a 9 gramas de proteínas. Esses números são excelentes e se adaptam ao módulo alimentar deste programa. É a quantidade de açúcar que distorce os parâmetros saudáveis.

O leite contém ao todo 12 gramas de carboidratos por xícara, provenientes do açúcar do leite: a lactose. Ao ler a embalagem de iogurtes naturais, você verá que ali estão de 12 a 15 gramas de carboidratos e, portanto, de 12 a 15 gramas de açúcar. Essa quantidade é a que se encontra naturalmente no leite. Ao comprar iogurtes naturais desnatados, talvez haja um pouco mais de carboidratos, se o iogurte contiver espessantes, mas não haverá mais do que 12 a 15 gramas de açúcar. Entretanto, nos iogurtes adoçados, a quantidade de açúcar pode variar de 12 a mais de 30 gramas. Qualquer quantidade de açúcar além de 12 gramas é acrescentada.

Vejamos, por exemplo, uma embalagem de iogurte semidesnatado de baunilha que contém 25 gramas de açúcar. Destes, 12 gramas são encontrados naturalmente no leite, portanto foram acrescentados 13 gramas ao iogurte. Uma colher de chá de açúcar contém 4 gramas, logo, essa embalagem apresenta pouco mais de 3 colheres de chá de açúcar embutido. E olhe que essa é uma das adições mais moderadas!

Você quer gastar quase 4 de suas 6 colheres de açúcar embutido semanais em apenas um copo de iogurte? Existem marcas que contêm ainda mais açúcar. Minha recomendação é comprar iogurte natural e acrescentar frutas, algum tipo de adoçante ou mel. Você se sentirá ótimo o dia inteiro. Além disso, poderá consumir o açúcar em uma sobremesa.

## Prefira alimentos menos processados

A estratégia de comparar o conteúdo nutricional de um alimento menos processado com o de um mais processado da mesma categoria, como fizemos com o iogurte, é uma das melhores formas de entender rótulos e fazer escolhas no supermercado, pois fornece parâmetros. Você poderá até escolher um alimento mais processado, mas pelo menos saberá o que está comendo.

Para mim, fazer uma escolha informada faz toda a diferença. Você estará escolhendo por opção, e não por hábito. Só isso já é capaz de fazê-lo sentir-se bem.

## É possível contornar a intolerância a peixes, leite e castanhas

Se você é alérgico a peixe, mas ainda assim pode comer frutos do mar, ou vice-versa, então tem sorte. Se não pode comer nenhum dos dois alimentos, porém, é importante pedir a seu médico um suplemento de ômega-3. Pergunte ao médico sobre as opções vegetarianas existentes no mercado, à base de algas marinhas, por exemplo, para que o suplemento não cause reação alérgica.

Se for intolerante à lactose, pode ser que seja capaz de ingerir pequenas quantidades de queijo e iogurte. Talvez você descubra que beber apenas 1 xícara de leite por dia, misturada a outros alimentos, evita o aparecimento dos sintomas. Se for alérgico à proteína do leite, é preciso evitar tanto laticínios quanto o suplemento protéico à base de soro de leite. Nesse caso, utilize um suplemento à base de soja e substitua o leite de vaca pelo de soja com cálcio e vitaminas A e D. Outra opção é o leite de cabra.

Se for alérgico a nozes e castanhas, substitua-as por outras gorduras saudáveis, como as existentes no abacate, azeitonas, azeite e sementes (de linhaça, girassol, abóbora etc.).

## Lista de compras

Muitos dizem que esta lista torna o início do programa muito mais fácil.

**Frutas**
Frutas vermelhas (morangos ou amoras) frescas ou congeladas
Frutas cítricas (frescas ou em suco)
Frutas secas (uvas-passas, damascos, ameixas etc.)
Outras frutas (manga, maçã, abacaxi, banana, papaia etc.)

**Legumes e verduras**
Brócolis, couve-flor, couve-de-bruxelas, repolho
Cenoura, minicenouras, batata-doce, inhame, abóbora
Alface, espinafre, couve, acelga
Tomate, pimentão verde e vermelho
Alho, cebola, alho-poró
Outros legumes (vagem, quiabo, pepino, agrião etc.)

Suco de legumes
Sopa de legumes

**Proteínas**
Peru (filé, peito de peru)
Frango (carne escura e branca; em pedaços ou inteiro)
Peixe (fresco, em lata ou congelado)
Mariscos (frescos ou congelados)
Carnes magras (de vaca, porco, cordeiro ou caça)
Ovos, claras pasteurizadas
Feijão
Soja torrada (encontrada na seção de alimentos naturais dos supermercados)

**Cereais**
Cereais integrais (flocos de aveia, trigo, arroz, milho - sem açúcar)
Pães e torradas integrais
Pães sírios
Pães para hambúrguer integrais
Outros grãos (cevada, trigo para quibe etc.)

**Laticínios**
Leite desnatado ou semidesnatado
Iogurte natural desnatado ou semidesnatado
Creme de leite light
Queijo parmesão e queijo prato light
Mussarela light

**Nozes e castanhas**
Pasta de amendoim (se possível sem açúcar)
Nozes e castanhas (amendoim, amêndoa, castanha de caju, castanha-do-pará)
Linhaça em grãos ou moída

**Gorduras e óleos**
Azeitonas
Azeite
Óleo de canola
Óleo de girassol

**Condimentos**
Molho de tomate
Molho para salada light
Mostarda
Vinagre balsâmico
Cacau em pó
Adoçante

**Temperos**
Sal marinho ou sal grosso moído
Pimenta-do-reino
Canela
Páprica
Gengibre
Alho
Açafrão

**Suplementos**
Suplemento protéico em pó à base de soro de leite
Suplementos completos multivitamínicos e multiminerais
Óleo de peixe ou suplemento de ômega-3 (se necessário)

## Observações sobre a lista de compras

### Cacau

Os fitoquímicos presentes nas favas de cacau naturais, não-processadas, são excelentes para elevar o ânimo e reduzir a pressão sanguínea. A questão é manter a potência desses fitoquímicos após o seu processamento.

O chocolate em pó é processado com alcalóides, a fim de remover o amargor da maioria das sementes. Um dos grandes problemas é que esse procedimento também remove os fitoquímicos. Nas favas de alta qualidade não se utilizam alcalóides, preservando o gosto sem reter o amargor. Utilize cacau em pó puro, sem açúcar ou leite.

A comercialização de sementes de cacau está seguindo o mesmo caminho dos grãos de café. É possível encontrar chocolates e cacau em pó orgânicos.

A melhor maneira de preparar um delicioso chocolate quente é colocar duas colheres de leite numa xícara, acrescentar o cacau e formar uma pasta. Depois, é só aquecer o restante do leite e adicioná-lo à pasta de cacau. Acrescente adoçante, se desejar, e misture novamente. Se quiser, bata o cacau com o batedor ou o mixer, até ficar espumoso.

### Peixes

Algumas questões relacionadas a peixes: nos oceanos, peixes predadores de grande porte podem estar contaminados com mercúrio. Ainda não se sabe ao certo se esse mercúrio pode ser absorvido pelo organismo, mas, se for o caso, essa quantidade de mercúrio é suficiente para ser danosa. Os peixes mais afetados são agulhão, cação e atum. Por isso, limite o seu consumo a uma porção por semana.

## Proteína do soro do leite

Como nutricionista esportiva, sei por embasamento científico e pela experiência com os clientes que a proteína do soro do leite é excelente tanto para a recuperação dos músculos quanto para estimular o ganho de massa muscular. Ela ainda oferece um benefício a mais: o soro do leite é rico em triptofano, o que ajuda a manter elevados os níveis de serotonina no cérebro. Esta dieta desenvolveu uma estratégia específica para aproveitar este alimento: misturar a proteína do soro do leite à vitamina e ingeri-la logo após os exercícios, ou consumi-la no meio da manhã como um lanche, a fim de mantê-lo forte física e mentalmente pelo resto do dia. Compre apenas os suplementos à base de proteína *isolada* do soro do leite, de forma que neles haja apenas proteína, sem a adição de carboidratos ou gorduras. Pesquise na internet os locais que oferecem este produto à venda.

## Suplementos de ômega-3

A minha primeira recomendação sempre é a comida. Não há substitutos para as fontes naturais e maravilhosas de centenas de milhares de elementos químicos presentes nos alimentos, aos quais chamamos de nutrientes, fitoquímicos e compostos orgânicos. Os suplementos alimentares são exatamente o que o nome indica: suplementam uma dieta. Porém, quando se trata de ômega-3, a coisa não é tão simples assim.

As gorduras ômega-3 que nosso corpo utiliza em grandes quantidades são ácido eicosapentaenóico (EPA) e ácido docosahexaenóico (DHA), lipídios provenientes de óleos marinhos, ou seja, de alimentos do mar. São encontrados principalmente nos peixes, mas também estão presentes em menor quantidade nos vegetais marinhos.

O ácido alfalinoléico (ALA), outra gordura ômega-3, é usada em pequena quantidade pelo organismo e vem de alimentos terrestres, como linhaça, óleos prensados a frio, nozes, sementes e alguns legumes. Embora o corpo tenha a capacidade de transformar ALA em EPA e DHA, só consegue fazê-lo com no máximo 5 por cento do ALA ingerido. Portanto, embora ele seja um ótimo suplemento a uma dieta rica em gorduras ômega-3, não as substitui.

Se você não come peixe, é aconselhável consumir suplementos de ômega-3 – gorduras extremamente importantes para a saúde e o bem-estar emocional, sendo fundamentais para o sucesso deste programa. Recomendo a ingestão diária desses suplementos a quem não consome peixe cinco vezes por semana.

Se for vegetariano, o consumo de quantidade suficiente de ômega-3 se torna mais difícil. Existem alguns suplementos de DHA derivados de algas marinhas e apresentados em cápsulas sem gelatina. Procure por "óleo de algas".

## Linhaça

A linhaça é um ótimo suplemento em uma dieta rica em EPA e DHA. Trata-se de uma fonte poderosa de ácido alfalinoléico (ALA), um ácido graxo essencial. O organismo utiliza o ALA na forma como é ingerido, sem transformá-lo nas outras duas gorduras ômega-3. Muitos tomam cápsulas de óleo de linhaça, mas a maioria das pessoas já consome uma quantidade suficiente de ALA naturalmente com a alimentação. Inclusive existem dados indicando que ALA em excesso pode aumentar o risco de câncer de próstata. Prefiro utilizar as sementes em vez do óleo de linhaça porque assim limito a ingestão de gorduras e obtenho os benefícios da lignina, fibra importante não-digerível presente em grande quantidade nas sementes (e em pouca na nossa alimentação). A lignina é capaz de auxiliar no controle do peso, dos níveis de açúcar e do colesterol. Além disso, ajuda a prevenir o câncer de próstata. Portanto, sou partidária do uso das sementes de linhaça moídas e não recomendo o uso de óleo de linhaça – a não ser de forma esporádica.

# 5
# Dieta a tiracolo

Chegou a hora de colocar este programa na estrada. Várias dietas são planejadas para funcionarem a curto prazo, pois depois as pessoas voltam à realidade do dia-a-dia e costumam se esquecer da alimentação.

É possível quebrar esse padrão. Este plano foi testado por centenas de pessoas (e por mim também) enquanto desempenhavam seus papéis de profissionais, maridos/esposas, pais, filhos, tios, amigos, vizinhos, membros da comunidade, voluntários etc. Toda essa atividade pode acabar com a maioria dos regimes, mais cedo ou mais tarde. Minha intenção é que ele seja capaz de fazê-lo sentir-se bem, em casa ou onde quer que esteja.

Todos nós podemos levar esta dieta a tiracolo – numa saída, num avião a trabalho ou viajando de férias, pois sempre há lugar para levar a boa disposição, que está na base do bom rendimento. Este capítulo destaca maneiras de seguir o programa, não importa onde seus planos o levem.

## Planeje a sua rota

No capítulo anterior, aconselhei o planejamento das compras de supermercado. O mesmo pode ser feito com seus caminhos. Temos a tendência de fazer as coisas por hábito, repetir o mesmo trajeto para o trabalho ou para a escola. Esteja ciente dos locais que ajudam o seu plano alimentar, não importa se o que está em foco é uma caminhada até o ponto de ônibus, o trajeto de carro até o trabalho, a academia de ginástica ou uma visita à família.

Por exemplo, alguns de meus clientes são capazes de me dizer exatamente onde é possível comer um ovo cozido de manhã ou onde há um café que trabalha com leite sem hormônios. Outros conhecem os melhores lugares para almoçar de acordo com a dieta.

Fico de olho nos cafés que oferecem chá verde. Além de ampliar a minha degustação dessa bebida energizante, tais ambientes ainda me dão a oportunidade de exercitar meu ritual de entrar em contato comigo mesma. O local pode ser ideal também para marcar um encontro com um amigo.

Determinar suas rotas faz parte do planejamento deste programa. Algumas pessoas gostam de anotar quais os lugares mais apropriados para não sair da dieta, principalmente nas áreas mais movimentadas da cidade. Outras fazem uma lista mental dos procedimentos que funcionam melhor para elas. Marcar na agenda a relação de lugares apropriados é uma boa estratégia.

## Leve seus lanches e refeições quando for conveniente

Antes de mais nada, devo dizer que essa sugestão dá bem menos trabalho que parece. Se esquecer de levar sua comida algum dia, não fique de mau humor; veja mais detalhes ao final deste capítulo.

Um dos meus segredos é manter sempre uma quantidade de lanchinhos no carro – castanhas, frutas secas, uma garrafa de água, algumas latinhas de suco de legumes. Assim, se tenho de sair correndo para ir buscar um dos meus filhos ou para um compromisso, não preciso parar para embrulhar nada. Uma observação importante: o carro é um bom lugar para guardar lanches, mas não para comê-los. Pare e saboreie sua comida com calma. Ter consciência do que você come dobra as chances de apreciar mais a refeição e de não comer além da conta. É difícil saborear algo quando se está no trânsito ou acompanhando as sinalizações de alguma estrada.

Outra estratégia bem-sucedida é usar uma sacola térmica como parte da "bagagem" diária para levar alimentos quentes, frios ou perecíveis. Tenho uma para os alimentos quentes e outra para os frios. Algumas pessoas compram garrafas térmicas para levar a vitamina do meio da manhã.

O importante é que você encontre uma maneira de tomar sua vitamina, em casa ou não. Dessa maneira seu ânimo ficará ainda mais elevado, garanto. A longo prazo, é mais barato investir numa garrafa adequada para a vitamina do que ter de contar com a lanchonete mais próxima para tomar um lanche nutritivo.

Uma observação importante, vinda da experiência de alguns clientes. Levar tanta comida consigo parece aumentar a fome. É tentador comer o almoço às 11 da manhã e o lanche da tarde antes das 15 horas. Talvez você também passe por isso e ache uma ótima idéia fazer as refeições mais cedo, para otimizar a disposição e o rendimento. Mas sugiro que beba um ou dois copos de água antes de se lançar prematuramente ao lanche ou refeição seguinte. Espere 15 ou 20 minutos. Se ainda sentir fome, vá em frente.

## Conheça esses *pit-stops* favoritos

Já viu um carro entrando no *pit-stop* numa corrida da Fórmula 1? A equipe trabalha febrilmente para reabastecer, trocar pneus e fazer o que for necessário. O objetivo é ser rápido e preciso – sem concessões. Aqui vai uma lista de alimentos para fazer um *pit-stop*. Descubra onde comprá-los e você estará sempre na frente.

### Leite achocolatado

Surpresa! Há tempos indico a meus clientes atletas um leite achocolatado após um jogo ou treino. Hoje as pesquisas apóiam essa recomendação. Um estudo recente publicado no *International Journal of Sport Nutrition and Exercise Metabolism* mostrou que os atletas que tomavam um copo de leite com chocolate após o treino conseguiam se exercitar com mais intensidade no segundo treino do que os que bebiam um isotônico. O motivo é que o leite achocolatado apresenta uma excelente relação carboidratos-proteínas, sendo capaz de reabastecer tanto os músculos quanto o cérebro.

## Salgadinho de soja

Você irá se maravilhar com a saciedade que esses salgadinhos proporcionam. Eles têm uma boa relação amido-proteína e são ótimos para um lanche rápido.

## Amendoim torrado com casca

Que maravilha! Você poderá assistir a um jogo na televisão e permanecer na dieta. Apenas limite sua porção a cerca de dez amendoins e coma também uma maçã. Gosto dos amendoins com casca porque levam mais tempo para comer e é mais fácil saboreá-los.

## Maçã

Este é um clássico disponível em diversas variedades. Comer uma maçã cerca de uma hora antes da refeição seguinte é uma ótima maneira de controlar o apetite, mas insisto para que consuma um pouco de gordura e proteína com a fruta. Combinar alimentos é crítico para o bom humor. Coma também um punhado de amendoins ou uma fatia de queijo branco.

## Aipo

O foco desta dieta é a boa disposição: sentir-se ótimo enquanto perde os quilinhos indesejáveis. A saúde vem junto. Mas devo falar sobre o poder medicinal do aipo: muitos nutricionistas e alguns pesquisadores da pressão arterial acreditam que o aipo protege contra a hipertensão. Você pode substituir sua maçã por 2 xícaras de talos de aipo (cerca de seis deles).

## Pipoca

Coma pipoca com uma proteína. Fazer pipoca em casa é a melhor opção.

## Faça alguns ajustes ao comer fora

Um dos melhores fatores deste programa é que você pode continuar a jantar fora. Se observar os cardápios do capítulo 3 e a lista de alimentos que dão bem-estar do capítulo 1, perceberá que muitas refeições servidas em restaurantes se encaixam na dieta. Não necessariamente as porções, mas os alimentos. A seguir, algumas dicas para comer fora sem sair do programa:

### Não ataque a cesta de pães antes que o prato chegue à mesa

Quantas vezes você percebeu que tinha comido tanto pão que não conseguia mais saborear a refeição? Tim Grover, o treinador de Michael Jordan, diz que devemos mandar de volta a cesta de pães. Eu digo para só comer o pão (sempre com azeite) quando chegar a comida. Além disso, oriento que decidam quantas porções de amido da refeição serão de pão, massa, arroz ou batatas. Quanto mais integral for o pão, melhor.

### Divida as entradas e peça a salada com molho à parte

Em alguns restaurantes, mais de metade da diversão está nas entradas diferentes do cardápio. Experimente-as, mas divida o prato com alguém. Comer a salada com molho à parte é a única maneira de se ater ao programa; misture o molho com um garfo antes de usá-lo, porque naturalmente você irá utilizar menor quantidade. Procure usar molhos light, quando possível, ou simplesmente opte pela combinação deliciosa de azeite e vinagre balsâmico.

### Peça peixes e carnes com molho à parte

Lembre-se: sou totalmente a favor da boa disposição, portanto não vou pedir que insulte um *chef* fazendo pedidos sem graça. Descubra como a comida foi preparada (evite frituras; refogados são melhores) e saboreie os molhinhos gostosos: apenas controle a quantidade.

### Divida a sobremesa

Dividindo a sobremesa com alguém você evita ingerir cerca de 300 calorias a mais e 20 gramas de gordura. Algumas pesquisas indicam que guardamos espaço para a sobremesa porque sentimos vontade de experimentar sabores diferentes durante a refeição (em geral doces, no caso da sobremesa). Portanto, mate a vontade sem sofrer a queda de disposição que em geral ocorre depois.

## Tenha as combinações sempre em mente
Não estou falando de hambúrguer com batatas fritas! Seu prato deve ter partes mais ou menos iguais de carne, aves, peixe, legumes ao vapor e arroz, batata, massa.

## Defina quando sair da dieta – e curta
As férias são um caso à parte. Sinto-me compelida a lhe dizer para simplesmente deixar correr e depois retomar a dieta quando voltar à rotina. Mas muitos clientes dizem que curtiram as férias e viagens ainda mais por não terem abandonado o plano.

"Esta dieta funciona para mim, mesmo nas férias", diz Louise Goodman, que perdeu 5 quilos nos primeiros três meses. "Quando saio da dieta, sinto-me estranha depois."

No entanto, é possível tirar miniférias do programa sem sofrer conseqüências duradouras. Louise, por exemplo, diz que quando sai para jantar em um restaurante indiano se preocupa menos com os parâmetros do programa. Outros clientes não dão a mínima para suas estratégias alimentares ao serem convidados para uma festa – pelo menos até todo mundo perguntar por que estão com uma aparência tão boa.

Visitas a familiares, como parentes ou irmãos, que não comem nenhum dos alimentos desta dieta podem ser problemáticas. Alguns clientes se debatem com esse tipo de situação. Minha resposta é simples. Explique seu ponto de vista, liste todos os alimentos que dão bem-estar da sua cozinha e, se tudo falhar, coma porções menores para evitar a possibilidade de queda de ânimo e a vontade inevitável de repetir a refeição uma ou duas vezes.

# 6
# Fatores primordiais: exercícios e descanso

Sou uma grande fã da verdade. A verdade é que não existe um plano de dieta que ajude a emagrecer, dê boa disposição e controle o peso a longo prazo sem incluir uma certa dose de atividade física.

Trabalho apenas com clientes que se exercitam, pois sei que dieta sozinha não faz milagres. Se alguém me liga e não deseja incluir exercícios no plano de dieta, peço que procure outra pessoa. O meu objetivo é que cada um tenha uma história de sucesso.

Os exercícios físicos regulares farão com que você alcance os resultados do seu sonho – e com que esse sonho seja sempre realidade. A dieta e os exercícios físicos são parte essencial deste programa.

O mesmo vale para o sono e o descanso, outros fatores primordiais. Você não emagrece enquanto dorme, mas não conseguirá emagrecer se não dormir bem. A falta de sono se traduz em maior concentração de hormônios do estresse – principalmente o cortisol – à noite. Mais cortisol implica em menos queima de gorduras. Então, ficar acordado até tarde, seja em atividades produtivas ou para descansar do dia de trabalho, pode ser um fator que atrapalhe o emagrecimento. Isso porque a "tarefa" do cortisol é prevenir a queima de gorduras a fim de garantir a sobrevivência em situações críticas. Esse mecanismo era mais útil nas eras primitivas, mas continua ativo. Dormir bem é necessário para a perda de peso.

**FATORES PRIMORDIAIS:** EXERCÍCIOS E DESCANSO

Mais uma coisa: descansar o suficiente, neste programa, implica em "relaxar" um pouco durante o dia. As extensas pesquisas de psicologia demonstram que pequenas pausas do trabalho a cada 40 minutos renovam a eficiência mental. Você precisa dar um descanso ao cérebro da mesma forma como é preciso descansar os ombros enquanto corta madeira ou levanta peso.

Os especialistas em ergonomia orientam que as pessoas que trabalham ao computador devem levantar-se e alongar-se a cada 20 minutos. O objetivo é prevenir lesões por esforço repetitivo (LER) e aliviar a coluna e o pescoço. Além disso, você descansa os olhos. Essas medidas ajudam-no a chegar à célula de energia da boa disposição.

## Primeiro fator fundamental da boa disposição: os exercícios ocultos no dia-a-dia

Comecemos com algumas histórias sobre como o exercício pode fazer parte do cotidiano, seja ele praticado na academia ou não. Trish Zuccotti me telefonou alguns dias antes de uma competição importante. Estava alguns quilos acima do peso da sua categoria e muito perplexa, pois nunca tivera dificuldades para controlar o peso. Então perguntei o que tinha mudado. A alimentação e o nível de atividade física eram os mesmos, mas ela tinha mudado de emprego. Antes, subia e descia escadas com certa freqüência. Além disso, seu cargo atual obrigava-a a passar mais tempo ao telefone e se movimentar menos.

"Aí está a diferença", eu disse. "Você precisa subir e descer as escadas do prédio da empresa quatro vezes ao dia." Trish seguiu minha orientação e o peso dela começou a cair.

Eu mesma já tinha passado por isso. Quando a minha família mudou de Cleveland para Seattle, a nossa nova casa era térrea. Antes eu trabalhava em um escritório no porão e tinha de subir escadas para ir ao banheiro; agora, precisava andar bem pouco. Nada mais mudou na minha rotina alimentar ou de exercícios. Num espaço de quatro a seis meses, ganhei 2,5 quilos.

## Estabeleça uma meta de 10 mil passos por dia

Existem exercícios na vida diária que passam despercebidos. Estabelecer uma meta de 10 mil passos por dia pode aumentar a consciência quanto à atividade física que pratica e diminuir a tendência a engordar.

A meta de 10 mil passos foi estudada por especialistas em exercícios físicos, que afirmam que uma pessoa que dá esse número de passos por dia é ativa, se "exercita" o bastante para perder peso ou manter a perda de peso. Não importa se esses passos são dados durante as suas rotinas diárias ou durante caminhadas propriamente ditas.

Um estudo da Universidade do Tennessee concluiu que mulheres de meia-idade que caminham pelo menos 10 mil passos por dia tendem a ter menos peso e gordura localizada. Mulheres que davam 6 mil passos ou menos por dia apresentavam uma média de 44 por cento de gordura corporal e geralmente estavam acima do peso.

Outro estudo, realizado em 2005 pelo American College of Sports Medicine, propôs que 58 mulheres fisicamente inativas podiam escolher entre estabelecer uma meta de 10 mil passos ou caminhar por 30 minutos diariamente. As mulheres que escolheram a primeira meta deram em média 11.775 passos nos dias em que ela foi alcançada, enquanto as que escolheram caminhar por 30 minutos deram em média 9.505 passos. E, talvez o mais importante: nos dias em que as metas não foram alcançadas, a média do grupo dos 10 mil passos superou a do grupo dos 30 minutos em mais de 2 mil passos (7.780 contra 5.597 passos).

## Invista em um pedômetro

A maioria das pessoas que têm bicicleta ergométrica usa-a como cabide; muita gente tem roupas de malhação enfiadas no fundo do armário. Mas eu me atrevo a pedir que você gaste algum dinheiro para comprar um pedômetro.

O principal objetivo é fazer com que perceba quanto exercício está oculto no seu dia-a-dia – ou é possível na sua vida diária. Use o pedômetro para medir quantos passos dá durante as tarefas rotineiras do seu dia, como levar as crianças à escola, fazer compras ou cuidar do quintal.

## Use as escadas sempre que puder

Kelly Brownell, pesquisadora especializada em obesidade da Universidade de Yale, conduziu um experimento que demonstrou ser possível triplicar o número de usuários de uma escadaria (apesar de esse número continuar pequeno) simplesmente colocando um aviso na base: "O seu coração precisa de exercício, esta é a sua chance!"

Subir e descer escadas é uma boa atividade para queimar calorias e pode ser um complemento às caminhadas e à rotina de exercícios. Alguns *personal trainers* dizem que se podem perder de 2 a 4,5 quilos por ano simplesmente usando escadas quando possível – ninguém está sugerindo que suba 20 andares até o escritório, apesar de isso ser um exercício incrível. Na minha opinião, tomar as escadas ao invés do elevador ou da escada rolante é um hábito que ajuda tremendamente a aumentar a disposição.

Atenção para usar uma boa técnica nas escadas. Tim Burnham, professor assistente de ciência do exercício na Universidade Central Washington, recomenda não usar os corrimões ("exceto para manter o equilíbrio") quando se sobem ou descem escadas. Usá-los diminui a freqüência cardíaca e queima menos calorias.

A conferência de 2005 da Associação Americana do Coração apresentou resultados intrigantes do exercício de subir e descer ladeiras, que certamente podem ser alcançados em escadas se o seu trajeto de caminhadas ou corridas é plano. Pesquisadores estudaram um grupo de caminhantes nos Alpes e descobriram que o exercício realizado nas subidas limpa as gorduras (principalmente os triglicérides) do sangue mais rápido, enquanto as descidas reduzem a concentração de açúcar no sangue com mais eficiência (um bom argumento para descer escadas também). Os exercícios tanto nas subidas quanto nas descidas baixaram os níveis de colesterol dos participantes.

## Acrescente intensidade aos exercícios

Aqui vai um momento de transformação para pessoas em grande forma: descobriu-se que os exercícios mais eficazes possuem arrancos de intensidade. Corredores que realizam treinamentos de velocidade em "intervalos" percebem que o desempenho melhora com mais facilidade. Levantadores de peso que se exercitam (com segurança) até o ponto de exaustão observam melhores resultados na tonicidade muscular e no controle do peso. Qualquer tipo de exercício abre espaço para o aumento na intensidade.

Levemos em conta a regra de ouro de que a intensidade ideal dos exercícios está em algum ponto entre a conversa com um parceiro (que esteja a pé ou de bicicleta) e respirar com tanta força a ponto de ser incapaz de falar. Recomendo um ritmo onde seja possível conversar, mas com algum esforço. Confie em mim; se acrescentar intensidade em apenas uma sessão de exercícios por dia – ou 2 mil passos por dia, da sua meta de 10 mil –, perceberá um aumento significativo na sua disposição, além de acelerar o emagrecimento.

Uma forma de intensificar a sua rotina de atividade física é desenvolver um hábito freqüente. O Institute of Medicine recomenda uma hora de exercícios físicos diariamente.

Por isso, recomendei contar os passos diários com o podômetro. Se você encontrar tempo para outras atividades, algumas dicas são caminhadas em ritmo acelerado, corrida, ciclismo, natação ou dança. Se gosta de jogar futebol ou vôlei, ótimo.

O American College of Sports Medicine sugere que o treinamento cardiovascular seja apenas parte de um programa de condicionamento físico. É necessário também um treinamento de força (geralmente com pesos) e exercícios de flexibilidade. Para alcançar ótimos resultados com o meu programa, sugiro duas ou três sessões de exercícios aeróbicos e duas ou três sessões com pesos por semana, além dos 10 mil passos por dia. Uma estratégia de boa disposição é alongar-se pelo menos por cinco a dez minutos, dia sim, dia não. Você pode combinar alguns desses exercícios para economizar tempo, como uma aula de pilates para exercitar a combinação força-alongamento ou uma aula de *body pump*, que une exercícios aeróbicos e de força.

## Qualquer que seja a sua escolha de exercício, esteja atento às técnicas certas

O axioma dos especialistas quanto à "melhor" atividade física é: "O melhor exercício físico é aquele que você pratica".

O meu programa oferece muitas escolhas que o motivam a ser fisicamente ativo – e não requerem horas de exercícios nem que se matricule em uma academia. Mas saliento que esteja atento à técnica correta em qualquer atividade, mesmo que seja caminhar. Encontre um amigo mais experiente, procure um treinador, matricule-se em uma academia. Aprender as técnicas corretas o prepara para enfrentar sessões mais intensas, que são o grande "segredo" dos treinadores e dos atletas de ponta.

Tim Grover, que supervisiona o treinamento de dezenas de estrelas do basquete, usa o seguinte *slogan*: "Até os melhores atletas podem ficar melhores". Ele consegue isso aumentando a intensidade do programa de exercícios.

Apesar da afirmação de que praticar qualquer tipo de exercício físico é melhor do que ser sedentário, a mensagem subjacente é que devemos motivar o corpo e a mente a ficar na melhor condição possível. É bom começar com calma, mas logo você terá vontade de experimentar mais intensidade. (Procure orientação médica se tiver qualquer restrição de saúde.) Isso será recompensado com mais energia e perda de peso duradoura. Entretanto, tenha paciência consigo mesmo.

"O primeiro passo é ser consistente", diz Gregory Florez, fundador de uma empresa de *personal training online*. "Invista tempo na sua atividade física. Faça as coisas da maneira certa desde o começo." Florez recomenda treinamento de força em seus programas, mesmo para ciclistas ou corredores dedicados. Isso leva a resultados melhores, principalmente se o objetivo é perder peso ou adquirir mais resistência.

Existe um benefício subliminar no foco na boa técnica e em trabalhar os músculos à carga máxima. Você esquece qualquer problema naqueles momentos, mesmo que seja por poucos segundos. O estresse pode sair do seu corpo junto com a transpiração. Você se liberta. O exercício se transforma em um fator de boa disposição.

## Faça a conexão entre a disposição e os exercícios

Este livro trata da conexão entre a alimentação e a disposição. Os exercícios são outro fator com impacto direto na disposição. Um grande volume de pesquisas faz a ligação entre o ânimo e a atividade física. É empolgante constatar que hoje em dia provar essa relação passou a ser algo cada vez mais baseado em avaliações e observações objetivas, possíveis com o advento da técnica da imagem cerebral funcional. Os pesquisadores são capazes de ver, literalmente, as partes "felizes" do cérebro. As técnicas de imagem complementam as pesquisas tradicionais.

Gregory Berns, pesquisador e professor de psiquiatria e ciência comportamental da Universidade Emory, avançou mais um passo. Ele acredita que o estriado, um pequeno tecido da parte inferior do cérebro, é a base fundamental da satisfação com a vida. Usando a avançada tecnologia de escaneamento cerebral, Berns estudou a interação entre a dopamina, hormônio que o cérebro produz quando antevê o prazer, e o cortisol, que, como mencionamos em capítulos anteriores, é o hormônio do estresse. A conclusão de Berns é que o banho químico do estriado nos leva a buscar satisfação com atividades físicas diferentes, como caminhar por trilhas, dominar a jardinagem ou acertar a tacada perfeita num jogo de golfe.

A atividade física aumenta os níveis de serotonina no cérebro, o que provoca estados de espírito mais animados e pensamento mais claro. O exercício também ativa substâncias químicas chamadas endorfinas, que alteram o estado de espírito e são os opiáceos naturais do corpo humano. Você já deve ter ouvido falar da reação das endorfinas como o "barato do corredor".

**FATORES PRIMORDIAIS:** EXERCÍCIOS E DESCANSO

Apesar de algumas pesquisas sugerirem que a concentração de endorfinas só é elevada com altos picos de exercício, não há dúvida de que a atividade física aumenta os níveis gerais de energia e promove um bem-estar que ultrapassa os limites da academia ou da pista de caminhada e invade a vida pessoal e profissional.

Os dados a seguir são de um estudo publicado em 2006 no jornal do American College of Sports Medicine. Pesquisadores da Universidade do Texas demonstraram que uma única sessão de exercícios físicos – 30 minutos caminhando na esteira, por exemplo – é capaz de melhorar a disposição de voluntários com depressão clínica. Os voluntários não se exercitavam regularmente nem tomavam antidepressivos.

O grupo de controle também passou por atividades de "descanso tranqüilo", que incluíam sair de casa e interagir com outras pessoas. Ambos os grupos apresentaram redução de sentimentos negativos como tensão, raiva e cansaço, mas apenas o grupo que fazia uma sessão de exercícios regulares apresentou aumento nos níveis de vigor e bem-estar. Os pesquisadores argumentam que "muitas pessoas com depressão se automedicam com álcool, cafeína ou tabaco para administrar a rotina diária. Os exercícios leves ou moderados parecem ser uma alternativa para controlar a depressão – uma alternativa que não traz impactos negativos à saúde". Este estudo cria novas possibilidades, pois identificou uma melhora imediata na disposição. Pesquisas anteriores identificaram apenas melhoras a longo prazo no ânimo e bem-estar. Este campo de pesquisa deve literalmente explodir na próxima década.

## O segundo fator importante da disposição é a necessidade de descanso para emagrecer e manter o peso

Descansar o suficiente é a parte mais fraca do triunvirato da boa forma, bem menos levado em conta do que a atividade física ou a boa alimentação – mas não menos importante. Existem duas facetas desse fator. Uma delas é dormir bem, à noite, num quarto escuro, sete a oito horas de sono.

A outra faceta é o descanso definido como tempo afastado da academia ou das caminhadas para permitir a recuperação muscular. Os pesquisadores acreditam que músculos trabalhados vigorosamente à exaustão (com levantamentos de peso, arrancadas de corrida) precisam de 36 a 48 horas para se recuperar e reconstituir.

Os benefícios do sono não são novidade para ninguém. A minha contribuição ao assunto é informar que, ao não se permitir dormir bem, você bloqueia a capacidade de emagrecer. Já comentamos neste capítulo sobre como o corpo entra em modo de sobrevivência quando não dormimos bem. A quantidade "certa" é pessoal, mas, no meu ponto de vista, e embasada pela pesquisa científica, sete a oito horas de sono são o ideal, mesmo quando envelhecemos e acreditamos que precisamos dormir menos.

Os pesquisadores do sono têm algumas sugestões sobre o sono saudável. Aí vão algumas delas:

- Procure deitar-se e levantar-se nos mesmos horários, mesmo nos finais de semana. As pessoas com rotinas definidas para deitar e acordar parecem ter melhor disposição – e se ajustar melhor quando dormem menos devido a viagens, trabalho, responsabilidades familiares etc.

- O hábito mais importante é acordar no mesmo horário. Isso "zera" os relógios biológicos do corpo.

- Procure deixar o quarto escuro o suficiente para permitir sete a oito horas de sono. Com isso, o cérebro produz a quantidade ideal de serotonina e melatonina – este último um hormônio que estimula o sono restaurador e o descanso do cérebro.

- Mantenha o quarto fresco – para não acordar devido ao calor.

- Procure não consumir álcool antes de deitar-se. Pesquisas mostram que o álcool nos deixa sonolentos, mas interfere na segunda metade do repouso, quando ocorre a maior parte dos períodos de sono profundo – REM.

- Evite exercícios físicos por pelo menos duas horas antes de dormir. Ao nos exercitarmos, aumentamos a temperatura corporal, o que dificulta pegarmos no sono.

Vou acrescentar um item a essa lista. Tome o seu chocolate quente antes de deitar-se. Ele contém triptofano, um aminoácido que à noite ajuda a dar sonolência e relaxar.

## Coma e beba para auxiliar a recuperação muscular

Um dos principais recursos da nutrição esportiva é comer para auxiliar a recuperação muscular. Isso significa reabastecer o corpo depois dos exercícios para maximizar o ganho de massa muscular e a queima de gorduras. Você pode achar contraditório comer logo após se exercitar, mas é exatamente esse o momento para o aumento que desejamos na disposição e na queima de gordura.

Este é o regime que sugiro aos meus clientes e para qualquer pessoa que queira iniciar um programa regular de exercícios físicos:

*Fluidos:* beba pelo menos 200 mililitros de água antes de se exercitar, e de 200 a 300 mililitros a cada 20 minutos de atividade. Se a sua sessão durar mais de uma hora, tome pequenos goles de isotônico ao invés de água. Ao final da atividade, reponha cada 450 gramas perdidas (essa é praticamente a única vez que sugiro que suba numa balança) com 450 a 600 mililitros de água ou isotônico.

*Refeições:* faça uma refeição (café-da-manhã ou almoço) pelo menos quatro horas antes de se exercitar para abastecer os músculos com carboidratos. Se gosta de se exercitar cedo, beba um copo de leite desnatado, um iogurte natural ou uma fatia de pão com 30 gramas de queijo para abastecer o corpo sem sobrecarregar o trato digestivo. E não se esqueça dos líquidos. Se prefere praticar mais tarde, faça o mesmo tipo de lanche leve 30 a 90 minutos antes.

De todo modo, meia hora depois dos exercícios tenha como regra consumir carboidratos de queima rápida – isotônicos ou alimentos de alto índice glicêmico, como pão integral e banana. Faça o mesmo duas horas depois de se exercitar. Você também precisa consumir proteínas nesse período para maximizar os resultados dos treinos. É nesse período que ocorre o ganho muscular e a perda de gorduras. O ideal é que o seu lanche seja líquido, já que chegará mais rápido aos músculos. Por isso recomendo a vitamina como lanche pós-exercício. Você pode tirar uma das frutas de outra refeição do dia e acrescentar à vitamina. Recomendo cerca de 20 gramas de proteína e pelo menos 12 gramas de carboidratos (essas quantidades podem ficar bem maiores, de acordo com seu condicionamento físico e o tempo que passa se exercitando). Outra opção é um sanduíche de pão integral com peru e um copo de leite ao lanche. Os carboidratos que deve consumir até duas horas depois podem fazer parte de uma refeição, como macarrão e almôndegas.

Lembrete para a sua fissura por doces: imediatamente depois dos exercícios é a melhor hora para consumir algumas ou todas as seis colheres de chá de açúcar embutido a que tem direito por semana na fase Emagreça sentindo-se ótimo, apresentada no capítulo 3.

## Não se esqueça de desaquecer

Quando se acrescenta intensidade aos exercícios, é importante reservar de 10 a 20 minutos para desaquecer. Exercícios leves e contínuos por 5 a 10 minutos ajudam o organismo a remover todo o ácido lático dos músculos, que os enrijece e deixa doloridos. Complemente os exercícios leves com 5 a 10 minutos de alongamento. Temos os melhores ganhos em flexibilidade e prevenção de contusões alongando depois que os músculos estão aquecidos.

# 7

# Embalo da disposição: não perca o ritmo

Não sei quanto a você, mas eu preciso de algum tempo só para mim durante o dia ou a semana. Então, desligo o celular quando estou me exercitando. Sei que meus filhos estão em segurança (na escola) e me permito esquecer das outras responsabilidades da vida por uma hora.

Esses momentos renovam o meu espírito e permitem que eu me concentre apenas nos exercícios. Obtenho um duplo aumento de disposição.

Como meus clientes dizem o tempo todo, seus níveis de energia dão um salto nas primeiras semanas do programa. É possível manter esse embalo de disposição por toda a vida, sem se sentir castrado ou com fome. Você reconhecerá as relações entre o que come e a maneira como se sente, o que é um motivador muito mais forte do que acompanhar a perda de peso na balança.

Outra coisa importante: quando você abandona o programa, seja pelo motivo que for, o programa estará lá para o apoiar. Mesmo nos dias que sair da dieta ou em dias estressantes, a estratégia do programa se concentra em garantir que você coma alimentos que fazem se sentir bem e não lute contra os seus "deslizes". Quero que você termine o dia com uma xícara de chocolate quente, não importa o que acontecer. Que tal?

Além disso, quando voltar para o programa, você se sentirá melhor em um dia. Em dois dias, sentirá um salto de energia e entenderá que o embalo de disposição pode estar sempre presente.

A seguir apresento algumas dicas para manter a disposição embalada:

## Esqueça a balança do banheiro

Uma forma de criar e manter embalo é encontrar outra maneira para medir o progresso. O peso pode flutuar durante um dia ou uma semana. E se estiver se exercitando com pesos pode ser que até ganhe peso, embora suas medidas diminuam na cintura e nos quadris.

## Desfrute dos seus sabores preferidos

Por que será que, por mais satisfeitos que estejamos, não resistimos a uma sobremesa? Isso acontece porque o cérebro adora variedade, e as sobremesas oferecem sabores diferentes dos da refeição. No capítulo 8 há diversas receitas de sobremesas saudáveis. Você pode satisfazer o desejo por doces sem se sentir culpado por exagerar no açúcar.

Quando estiver com amigos, não precisa abrir mão da sobremesa. Peça uma sobremesa e três ou quatro garfos. O que o cérebro anseia são apenas alguns pedaços, não o prato todo.

## Não se considere uma pessoa em dieta

Quando chega em casa às oito da noite, com fome, não quero que pense nas coisas que não pode comer. Quero que se sinta feliz ao se concentrar nas coisas que ainda precisa comer para alimentar a sua disposição e o seu cérebro – tanto naquela noite quanto na manhã seguinte. Nenhum alimento está fora dos limites. Combine amidos com proteínas e gorduras saudáveis. Coma *crackers* com uma fatia média de queijo branco e um hambúrguer com pão integral.

Outros alimentos que se encaixam no programa: carne bovina, carne escura de peru, pão de milho, comida chinesa, mingau de aveia, salmão defumado, *cream cheese*, pão integral, carne de porco grelhada, manga, chá verde, salgadinhos de soja, cereais matinais, omelete, milho cozido, vinho tinto e – sim, chocolate meio amargo.

Na verdade, quero que termine o dia com uma deliciosa xícara de chocolate quente, mesmo nos dias que tiver "escorregado".

## Esqueça todas as pesquisas negativas sobre o ovo

Aconselho a ingestão de um ovo por dia; com a gema. As únicas exceções são pessoas com alergia ou orientação médica para evitar ovos.

Se desejar uma omelete ou um prato com mais ovos, acrescente claras ao primeiro ovo. A gema pode ter alguma gordura, mas também tem todos os nutrientes que o cérebro precisa – digo mais, supernutrientes. É saudável comer ovos e castanhas todos os dias.

## Procure anotar quanto come e como se exercita a cada dia

Quando uma pessoa registra o que come a cada dia, come de modo mais saudável, emagrece e tem mais chances de se manter no peso desejado. E se engordar um pouco, volta a fazer os registros do que come e como se exercita para perder os quilos a mais.

Além de registrar o que fez, quero que registre seu ânimo. Esse é o resultado final deste programa. Se analisar os seus dias e se der conta de que se sentiu melhor nos dias em que seguiu o plano, estará motivado a prosseguir. A melhor forma de mudar velhos hábitos e criar novos é registrar o que se faz.

Uma confissão: não mantenho registros diários. Esse não é o meu estilo, nunca foi. Mas mantenho registros em duas situações.

A primeira situação é para garantir que vou ficar na linha quando antevejo um período estressante. A minha tendência é não comer quando estou estressada. Como já falamos anteriormente, não comer provoca reações adversas na disposição e em quaisquer objetivos de emagrecimento. Manter um registro nos períodos de estresse – só preciso de alguns minutos para registrar o que comi e como me exercitei – me ajuda a ficar ciente da alimentação que faço e das minhas reações, então não como besteiras nem pulo refeições.

Outras vezes sou menos diligente com a dieta. Quando fico um pouco abatida e não me sinto muito bem, faço registros por um ou dois dias. E uso os registros para voltar a concentrar o meu foco e me sentir bem-disposta.

## Prometa-se a si mesmo ser "dinamicamente consistente"

O professor de psicologia da Universidade de Indiana Jerome Busemeyer tem uma teoria pessoal sobre por que as pessoas decidem malhar numa noite e na manhã seguinte, ao ouvir o despertador, resolvem deixar esses planos para o dia seguinte, ou por que não mantêm o embalo da boa disposição.

"A maioria das pessoas é dinamicamente inconsistente", argumenta o professor Busemeyer. "A pessoa que tomou a decisão à noite não é a mesma que toma a decisão pela manhã."

A não ser por termos escovado os dentes ou lido algumas páginas de um livro, não parece que possamos mudar tanto assim durante uma noite. Busemeyer diz que as "decisões de planejamento", como a promessa de se exercitar na manhã seguinte, são menos controladas por conseqüências emocionais (cansaço, dor, falta de vontade de enfrentar o dia naquele momento) e mais ligadas a benefícios (mais energia, senso de realização, redução do estresse). Mas quando nos deparamos com a "decisão final", um emaranhado de emoções pode tomar conta de nós.

O dr. Dean Shibata, radiologista da Universidade de Washington, realizou um estudo em 2001 que se alinha com a pesquisa de Busemeyer. Shibata descobriu que as partes emocional e racional do cérebro estão intimamente relacionadas, mais do que os neurocientistas acreditavam anteriormente.

"A nossa pesquisa sustenta que todas as vezes que uma pessoa precisa tomar decisões pessoais, necessita 'sentir' a projeção emocional dos resultados de cada escolha", diz Shibata.

Este programa e o embalo de disposição provocado por ele oferecem a chance de tornar-se "dinamicamente consistente". Você não come para perder peso, mas para se sentir bem; conecta as partes emocional e racional do cérebro e ganha disposição.

# 8

# Receitas para se sentir bem

Puxe uma cadeira e mergulhe nessas receitas que vão lhe dar bom humor. O objetivo deste plano alimentar é proporcionar bem-estar, ou seja, passar momentos agradáveis com pessoas queridas, compartilhando com elas uma refeição. Este capítulo está repleto de idéias sobre os bons momentos da vida.

Além disso, todas as receitas, que incluem opções diferentes para as três refeições, foram pensadas para fornecer energia. É importante destacar que estas receitas são um ponto de partida; a partir delas, você pode adaptar as suas próprias receitas, ou fazer uma combinação dos pratos que apresentamos. A idéia é oferecer uma base alimentar para melhorar o humor, e não criar um cardápio fixo.

Ao final de cada receita, há um quadro com a análise nutricional. Esse recurso serve como guia para acompanhar o módulo básico de grupos de alimentos, como foi explicado no capítulo 3. Em muitos casos, a análise também inclui a contagem de fibra alimentar – elemento que confere sensação de saciedade e é benéfico à saúde.

Não há receitas de salmão neste capítulo porque ele faz parte do meu cardápio diário. Apresento duas receitas que faço sempre, em sua forma simples; elas podem ser incrementadas a gosto.

## Salmão no microondas

Coloque o peixe em um refratário. Use postas nesta receita. Cubra o peixe com um fio de azeite e suco de limão; tempere com dill (erva aromática) e sal a gosto. Cubra e leve ao microondas em potência alta, por 3 a 4 minutos, conforme o peso e a espessura das postas. Retire do forno e deixe descansar por 1 a 2 minutos. Sirva com limão. Esta receita é deliciosa, não deixa cheiro na cozinha e é fácil de preparar para apenas uma pessoa.

## Salmão na grelha (ou chapa)

Use filés nesta receita. Esfregue sal grosso na pele do peixe. Vire os filés e espalhe um pouco de azeite e um pouco de sal (bem pouco). Coloque na grelha (ou chapa) e cozinhe por 7 a 12 minutos, conforme o peso e a espessura dos filés. O peixe deve começar a ficar crocante ao redor das bordas da pele. Apesar das muitas receitas refinadas que existem, esta é minha favorita; e é muito fácil de preparar.

# Sopa de batatas com alho-poró

O alho-poró é nutritivo e saboroso e tem a vantagem de não comprometer o hálito. Se quiser uma sopa branca, use apenas a parte branca do alho-poró.

8 batatas grandes, cortadas em cubos
4 alhos-porós, limpos e fatiados
2 colheres (sopa) de azeite
8 xícaras de caldo de legumes
1 lata (320 g) de leite evaporado desnatado (à venda nos supermercados; se não encontrar, substitua por creme de leite light)
sal e pimenta-do-reino branca a gosto
cebolinha picada

Refogue as batatas e os alhos-porós no azeite até que fiquem macios. Acrescente o caldo de legumes e deixe levantar fervura. Cubra e cozinhe em fogo brando até que as batatas fiquem macias. Acrescente o leite evaporado e mexa. Tempere com sal e pimenta.

Bata a sopa no liquidificador até conseguir a consistência desejada. Sirva com a cebolinha picada. Rende **16** porções.

## *Análise nutricional*

Cada porção contém 2 porções de amido; 2 de legumes;
4 gramas de fibra alimentar.

# Creme de mariscos Manhattan

Desfrute dos benefícios tanto da sopa de legumes quanto do creme de mariscos – mas com pouca gordura.

2 cebolas cortadas em cubos

4 talos de aipo (salsão) cortados em cubos

2 alhos-porós limpos e cortados em cubos

2 colheres (sopa) de azeite

1 lata grande (800 g) de tomates pelados picados com o suco

300 g de purê de tomate

450 g de batatas descascadas e picadas

1 colher (sopa) de tomilho seco

1,5 litro de caldo de mariscos

500 g de mariscos

2 colheres (sopa) de molho inglês

1-2 colheres (sopa) de tabasco

sal e pimenta a gosto

Em uma panela, refogue as cebolas, o aipo e os alhos-porós no azeite até que fiquem macios. Acrescente os tomates, o purê de tomate, as batatas, o tomilho e o caldo de mariscos. Cozinhe por 30 minutos até que as batatas fiquem macias.

Acrescente os mariscos, o molho inglês e o tabasco. Tempere com sal e pimenta. Deixe no fogo por poucos minutos, para não endurecer os mariscos. Rende **10** porções.

### Análise nutricional

Cada porção contém 1 porção de amido; 2 de legumes; 2 de proteína com teor mínimo de gordura; 1 de gordura; 4 gramas de fibra alimentar.

## Patê de espinafre com tofu

Nesta receita, substituo o creme de leite por tofu macio; ninguém percebe que está comendo soja.

450 g de tofu macio
1 embalagem (40 g) de sopa de cebola em pó
250 g de espinafre cozido (ou congelado) e picado
200 g de castanhas portuguesas cozidas, descascadas e cortadas em cubos

Coloque o tofu e a sopa no processador. Bata a mistura até que fique homogênea. Acrescente o espinafre e processe até conseguir a consistência desejada. Junte as castanhas portuguesas e processe.

Sirva com torradinhas para canapé. Rende **12** porções.

### Análise nutricional

Cada porção contém 1 1/2 porção de legumes; 2 gramas de fibras.

## Patê de peixe defumado

Este patê pode acompanhar pão integral em um almoço rápido ou ser servido com torradas como entrada de um elegante jantar. Por falar em peixe versátil...

450 g de peixe defumado (anchova, truta etc.) sem pele e espinhas
1/3 de xícara de maionese light
1 colher (sopa) de salsa fresca picada
2 colheres (sopa) de cebola picada
1/2 xícara de cream cheese light

Bata os ingredientes no liquidificador até obter uma pasta homogênea. Rende 4 porções.

### Analise nutricional

Cada porção contém 4 porções de proteína magra.

# Pizzas de pão sírio

Esta receita de pizza pode ser feita para um almoço rápido. Cortada em triângulos, pode ser servida como entrada. As crianças vão adorar!

2 colheres (sopa) de molho de tomate
1 pão sírio integral
2 ou 3 colheres (sopa) de mussarela light ralada
1/2 xícara de vegetais picados, como pimentão verde, azeitonas e cogumelos
  (opcional)

Preaqueça o forno a 230°C. Espalhe o molho de tomate nas metades do pão sírio. Acrescente a mussarela e os vegetais. Asse por 10 minutos.
Rende 1 porção.

### Análise nutricional

Cada porção contém 1 porção de legumes (opcional); 2 de amido; 1 de proteína com teor médio de gordura; 6 gramas de fibras.

# Pipoca de chocolate

Este lanche rápido certamente vai tornar-se um dos favoritos da sua casa. O chocolate faz da pipoca uma guloseima especial – não importa a idade de quem come. De quebra, eleva a pipoca à condição de superestimulante do humor.

1 pacote (100 g) de pipoca light para microondas
150 g de chocolate meio amargo bem picado
1/2 xícara de amêndoas fatiadas

Estoure as pipocas no microondas seguindo as instruções da embalagem. Enquanto a pipoca ainda estiver quente, acrescente o chocolate e misture até que as pipocas fiquem cobertas homogeneamente. Acrescente as amêndoas e misture outra vez. Rende **4** porções.

### Análise nutricional

Cada porção contém 1 porção de amido; 3 de gordura;
3 colheres (chá) de açúcar embutido; 6 gramas de fibras.

# Strudel de espinafre

Se você vai seguir a dieta do bom humor para o resto da vida, é preciso que tenha receitas que possa tanto servir para outras pessoas como para preparar para si mesmo e se sentir bem. O strudel é sempre uma delícia, e esta receita é simples.

1/2 xícara de cebola-branca picada
2 colheres (sopa) de azeite
280 g de espinafre cozido
100 g de queijo feta (ou ricota ou queijo branco light)
100 g de queijo cottage desnatado
1/4 de xícara de salsa fresca picada
3 ovos batidos
sal e pimenta a gosto
6 folhas de massa filo (descongelada durante a noite na geladeira)

Preaqueça o forno a 180°C.
Refogue a cebola no azeite. Reserve até esfriar. Em uma tigela, misture a cebola, o espinafre, os queijos e a salsa. Acrescente os ovos e misture. Tempere com sal e pimenta e reserve.
Coloque uma folha de massa filo sobre papel-manteiga. Espalhe spray para untar sobre a massa e cubra com outra folha de massa. Continue até que as seis folhas estejam empilhadas. Espalhe a mistura de espinafre sobre um dos lados da massa. Usando o papel-manteiga como suporte, enrole o strudel formando um cilindro longo – sem enrolar o papel junto. Coloque o strudel, com a junção virada para baixo, e o papel-manteiga em uma forma. Asse por 30 a 40 minutos ou até que a massa fique dourada. Rende **12** porções.

### Análise nutricional

Cada porção contém 1 1/2 porção de legumes; 1 de proteína com teor mínimo de gordura; 1 de gordura; 1 grama de fibras.

# Caçarola de atum com macarrão

O valor nutricional desta receita corresponde à da carne de atum com 3,5 gramas de gordura para cada 30 gramas.

2 colheres (sopa) de manteiga light
1 colher (sopa) de cogumelos frescos fatiados
1/2 xícara de cebolas cortadas em cubos
1 xícara de ervilhas congeladas
2 latas (320 g cada) de leite evaporado desnatado
2 colheres (sopa) de farinha de trigo
250 g de espaguete integral cozido
340 g de atum enlatado em água, escorrido e desfiado
1 1/2 xícara de queijo prato light ralado
sal e pimenta a gosto

Preaqueça o forno a 180°C

Derreta a manteiga em uma frigideira grande. Acrescente os cogumelos e as cebolas e refogue. Junte as ervilhas e o leite evaporado. Deixe levantar fervura. Polvilhe a farinha de trigo e mexa por aproximadamente 3 minutos, até engrossar.

Em um refratário, coloque o macarrão, o atum, o queijo e o molho e misture bem. Asse por 30 minutos. Rende **6** porções.

### *Análise nutricional*

Cada porção contém 2 porções de amido; 1 de legumes; 5 de proteína com teor mínimo de gordura; 2 de gordura; 3 gramas de fibras.

## Torta de cebola

Esta é uma receita deliciosa, além de ser uma alternativa mais saudável à quiche.

300 g de massa para torta congelada
3 cebolas grandes, em fatias finas
250 g de cogumelos fatiados
2 colheres (sopa) de azeite
2 xícaras de queijo prato light ralado
3 ovos batidos
sal e pimenta a gosto

Unte uma forma para torta com spray para untar. Espalhe a massa na forma, cortando os excessos. Asse por 10 minutos ou até que a massa fique cozida, mas não dourada.

Enquanto a massa está no forno, refogue as cebolas e os cogumelos no azeite. Escorra o excesso de líquido. Acrescente o queijo, os ovos, sal e pimenta e mexa bem.

Despeje o refogado na massa e leve a torta ao forno por cerca de 25 minutos, ou até que o recheio fique cozido e as bordas, douradas.

Rende **6** porções.

### Análise nutricional

Cada porção contém 2 porções de amido; 2 de legumes; 3 de proteína com teor médio de gordura; 1 de gordura; 3 gramas de fibras.

# Bolo de carne de peru

O peru vai melhorar o seu ânimo, além de criar lembranças saudáveis de bons momentos com a família e os amigos.

4 fatias de pão integral, torradas e picadas
1/2 kg de peru cozido (ou defumado) e desfiado
1 cebola picada
2 ovos
80 g de extrato de tomate
1 colher (sopa) de manjericão seco
1/2 colher (sopa) de alho picado
1 lata pequena (170 g) de tomates pelados em cubos, temperados a gosto
6 folhas de manjericão fresco picadas

Preaqueça o forno a 200°C.

Leve as torradas picadas ao processador e bata até obter uma farinha. Acrescente o peru, a cebola, os ovos, o extrato de tomate, o manjericão seco e o alho e bata até misturar bem.

Faça um bolo com a mistura de carne e coloque-o numa assadeira. Cubra com os tomates em cubos. Asse o bolo por cerca de 30 minutos. Decore com o manjericão fresco picado. Rende **4** porções.

### Análise nutricional

Cada porção contém 1 porção de amido; 2 de legumes;
4 de proteína magra; 4 gramas de fibras.

# Fesenjan

Não se intimide com a quantidade de ingredientes desta receita. É um ensopado persa tradicional, muito simples de preparar, mas tem sabores tão diferentes que vão extasiar seus amigos e familiares.

2/3 de xícara + 1/4 de xícara de damascos secos
1 xícara de água fervente
1/4 de xícara de suco de romã
1/4 de xícara de extrato de tomate
1/4 de xícara de ameixas secas picadas
1/2 colher (chá) de canela em pó
1 pitada de cúrcuma
1 pitada de cardamomo em pó
1 pitada de cravo em pó
1 pitada de gengibre em pó
1 cebola média picada
1 colher (sopa) de azeite
450 g de peito de peru sem osso cortado em cubos
1/2 xícara de nozes picadas
3 xícaras de arroz integral cozido

Mergulhe 2/3 de xícara de damascos na água fervente por 30 minutos, até que fiquem bem macios. Em seguida bata os damascos cozidos no liquidificador. Coloque o purê em uma frigideira grande. Pique 1/4 de xícara de damascos e acrescente ao purê. Junte o suco de romã, o extrato de tomate, as ameixas secas e os temperos. Deixe levantar fervura e cozinhe em fogo brando por 15 minutos.

Enquanto isso, refogue a cebola no azeite. Acrescente o peru e deixe no fogo até que fique cozido e dourado. Acrescente o peru e as nozes aos damascos e cozinhe por mais 10 minutos.

Sirva com arroz integral.

Rende **6** porções.

### *Análise nutricional*

Cada porção contém 1 porção de amido; 2 de fruta; 4 de proteína com teor mínimo de gordura; 4 gramas de fibras.

# Linguado pan-asiático

Este prato é um dos favoritos da minha família há muitos anos. É tão fácil de preparar e servir que ninguém acredita que precisa de apenas 5 minutos para ficar pronto. E ele nos faz sentir tão bem!

1/2 xícara de vinagre de maçã
2 colheres (sopa) de shoyu
1 1/2 colheres (chá) de óleo de gergelim torrado
2 dentes de alho picados
1 colher (chá) de gengibre fresco picado
350 g de filé de linguado
ramos de coentro para decorar

Em um refratário pequeno, misture o vinagre, o shoyu, o óleo de gergelim, o alho e o gengibre. Coloque o peixe e vire para envolver os filés com o tempero dos dois lados. Cubra e deixe marinar por 30 minutos, ou por até 4 horas na geladeira.

Preaqueça o forno a 170°C. Asse o linguado por 20 a 25 minutos, até a carne ficar cozida. Transfira o peixe para uma forma e coloque na grelha por 3 a 5 minutos, ou até que fique dourado, mas não queimado. Sirva decorado com ramos de coentro. Rende **2** porções.

### Análise nutricional

Cada porção contém 5 porções de proteína com teor mínimo de gordura; 1 de gordura.

# Trança de peru

Este é um prato perfeito para receber visitas. Você pode se alimentar com receitas saudáveis e ainda assim servir pratos lindos e deliciosos.

700 g de peru sem osso, cozido e cortado em cubos
1 xícara de maionese light
1/2 xícara de nozes picadas
1/2 xícara de damascos secos
3 colheres (sopa) de mostarda
1/2 xícara de queijo prato light ralado (opcional)
sal e pimenta a gosto
300 g de massa para torta congelada

Preaqueça o forno a 190°C.

Em uma tigela grande, misture o peru, a maionese, as nozes, os damascos, a mostarda, o queijo, o sal e a pimenta.

Abra a massa e espalhe o recheio na parte central. Corte as laterais da massa em tiras, deixando-as ligadas ao centro. Cruze as tiras alternadamente sobre o recheio para formar uma trança.

Asse por 30 a 40 minutos, ou até que a massa fique dourada.

Rende **8** porções.

### *Análise nutricional*

Cada porção contém 2 porções de amido; 4 de proteína com teor mínimo de gordura; 2 de gordura (incluindo o queijo); 2 gramas de fibras.

# Salada cítrica de camarão

Geralmente, não preparamos saladas rebuscadas em casa. Mas aconselho que teste esta receita – ela nos faz sentir em um delicioso restaurante à beira-mar.

4 xícaras de folhas para salada
250 g de camarões descascados
1 abacate, descascado e cortado em cubos
200 g de feijão-preto cozido
2 tomates pequenos sem semente, cortados à juliana
300 g de laranjas cortadas em cubos
8 azeitonas pretas sem caroço, fatiadas
1 xícara de queijo prato light ralado
8 aspargos grelhados em azeite com alho
vinagrete cítrico (veja receita na página seguinte)

Coloque as verduras em duas tigelas. Faça um círculo de camarões partindo do centro das folhas. Acrescente o abacate, o feijão, o tomate, a laranja, as azeitonas, o queijo e os aspargos. Cubra a salada com o molho vinagrete.

Rende **4** porções.

### *Análise nutricional*

Cada porção contém 1/2 porção de amido; 3 de legumes;
3 de proteína com teor mínimo de gordura; 1 de proteína com teor médio de gordura; 4 de gordura; 12 gramas de fibras.

# Vinagrete cítrico

Você pode gostar deste molho a ponto de transformá-lo em um dos seus coringas. O molho pode ser conservado na geladeira por até uma semana.

suco de 1/2 laranja
1/2 xícara de azeite
2 colheres (sopa) de vinagre de arroz
1 colher (sopa) de salsinha picada
1 colher (chá) de raspas de limão
1/2 colher (chá) de alho picado
sal e pimenta a gosto

Misture os ingredientes em uma garrafa com tampa. Agite para misturar bem. Deixe o vinagrete descansar por pelo menos uma hora para apurar o sabor. Agite antes de usar.

# Peru ao molho poblano

Olé para o molho poblano! Esta receita, que mistura chocolate e peru, vai levantar o seu astral. Este molho, apesar de repleto de sabores, não é muito apimentado. Se você gosta de comida mexicana apimentada, acrescente 1 a 2 pimentas-malaguetas secas, sem sementes, ao pimentão seco.

1/2 xícara de caldo de galinha (ou mais, se necessário)
1/8 de pimentão seco sem sementes
1/2 xícara de amêndoas batidas no processador até formar uma pasta homogênea
1 cebola picada
1 xícara de tomates pelados enlatados e escorridos
1/2 xícara de uvas-passas sem caroços
1/2 xícara de sementes de abóbora
1 tortilla de milho picada (pode ser comprada em restaurantes mexicanos; se não encontrar, substitua por pão de milho torrado)
1 xícara (chá) de alho bem picado
1 colher (chá) de sal
1 colher (chá) de páprica
1/2 colher (chá) de canela em pó
1/2 colher (chá) de cravo em pó
1/2 colher (chá) de sementes de coentro em pó
1/4 de colher (chá) de pimenta-do-reino moída
900 g de peru sem osso cortado em cubos
90 g de chocolate amargo picado

Aqueça o caldo de galinha até que levante fervura. Retire do fogo e acrescente o pimentão seco; deixe reidratar por cerca de 30 minutos. Em um processador, misture os pimentões reidratados, a pasta de amêndoas, a cebola, os tomates, as passas, as sementes de abóbora, a tortilla, o alho e os temperos. Bata no processador até que a mistura fique homogênea.

Transfira para uma panela grande e cozinhe em fogo brando por 30 minutos, mexendo, para que não queime. Acrescente mais caldo de galinha, se necessário, para que o molho adquira a consistência desejada.

Enquanto isso, em uma frigideira, refogue o peru no azeite até que fique dourado. Acrescente o chocolate ao molho e mexa até derreter. Junte o peru e mexa por mais 5 minutos. Rende **8** porções.

### Análise nutricional

Cada porção contém 1/2 porção de frutas; 3 de legumes; 6 de proteínas magras, 2 de gorduras; 8 gramas de fibras.

## Acelga com passas e castanha-do-pará

1 maço de acelga
1 cebola pequena picada
2 colheres (chá) de gengibre fresco
2 colheres (sopa) de azeite
1/2 xícara de uvas-passas
1/2 xícara de caldo de legumes
1/2 xícara de castanha-do-pará picada
(ou outra castanha de sua preferência)
2 colheres (sopa) de vinagre balsâmico
sal e pimenta a gosto

Preaqueça o forno a 180°C.

Em uma forma refratária pequena, refogue ligeiramente a acelga, a cebola e o gengibre no azeite. Acrescente as passas, a castanha e o vinagre.

Cubra e asse por 10 minutos. Tempere com sal e pimenta.

Rende **4** porções.

### Análise nutricional

Cada porção contém 1 porção de fruta; 1 de legumes;
3 de gordura; 2 gramas de fibras.

## Calda de morango

Esta calda é deliciosa e saudável, e pode acompanhar pratos doces ou salgados.

350 g de morangos
1/4 de xícara de água
adoçante para cozinhar a gosto

Leve os morangos com a água ao fogo, numa panela de fundo grosso. Cozinhe por alguns minutos, mexendo sempre. Tire do fogo, prove e adoce.
Rende **6** porções.

## Rabanada

Esta receita clássica dispensa apresentações, todos a amam.

2 ovos ligeiramente batidos
1/2 xícara de leite desnatado
1/2 colher (chá) de essência de baunilha
1/2 colher (chá) de canela em pó
4 fatias de pão integral

Misture os ovos, o leite, a baunilha e a canela em uma tigela rasa. Mergulhe o pão nessa mistura e deixe as fatias de molho por cerca de 30 segundos em cada lado. Unte ligeiramente uma frigideira grande. Frite o pão dos dois lados, até dourar. Rende **2** porções.

### *Análise nutricional*

Cada porção contém 2 porções de pão; 1 de proteína com teor médio de gordura; 4 gramas de fibras.

# Rosca de ricota

1 1/2 xícara de ricota
1/4 de xícara de adoçante para cozinhar
1 ovo
1 colher (chá) de extrato de baunilha
canela em pó
300 g de massa de pão congelada (à venda nas grandes redes de supermercados)

Preaqueça o forno a 180°C.

Em uma tigela pequena, misture a ricota, o adoçante, o ovo, a baunilha e a canela. Reserve. Abra a massa de pão sobre um pedaço de papel-manteiga. Coloque o recheio no centro da massa.

Corte tiras horizontais de 3 cm de espessura de cada um dos quatro lados da massa, mas deixe intacta a parte onde está o recheio. Cruze as tiras por cima do recheio, alternando as da esquerda com as da direita, como uma trança, até chegar ao meio. Torça as quatro pontas e forme um nó no centro do pão.

Asse por 30 minutos, ou até que o pão esteja dourado. Rende **8** porções.

### Análise nutricional

Cada porção contém 1/3 de porção de amido; 1 de proteína com teor mínimo de gordura.

# Panquecas integrais com calda de amora

Difícil imaginar uma forma melhor de começar o dia num final de semana!

2 1/4 de xícaras de farinha de trigo integral
2 colheres (sopa) de adoçante para cozinhar
1 colher (chá) de fermento em pó
1/2 colher (chá) de bicarbonato de sódio
1/2 colher (chá) de sal
2/3 de xícara de iogurte desnatado
2 ovos grandes ligeiramente batidos
1 colher (sopa) de óleo de canola
calda de amora (veja receita na página seguinte)

Em uma tigela grande, misture a farinha integral, o adoçante, o fermento, o bicarbonato e o sal. Acrescente o iogurte, os ovos e o óleo. Bata ligeiramente até que os ingredientes secos sejam incorporados. Não bata demais.

Espalhe 1 colher (sopa) de massa por vez em uma frigideira antiaderente sob fogo médio. Frite por cerca de 3 minutos, até que as bolhas de ar se rompam. Vire as panquecas e frite-as do outro lado, até dourarem. Sirva com calda de amora. Rende **6** porções.

### Análise nutricional
Cada porção contém 1 porção de amido; 1 de proteína com teor médio de gordura; 7 gramas de fibras.

## Calda de amora

2 xícaras de amoras frescas
1 xícara de água
2 colheres (sopa) de adoçante para cozinhar
1 colher (chá) suco de limão

Misture as amoras, a água, o adoçante e o limão em uma panela pequena. Deixe levantar fervura e cozinhe até que as frutas estejam macias e comecem a se desfazer. Sirva morna, como acompanhamento para as panquecas.

**Dica:** se não for época de amora, utilize morango.

# Panquecas doces de ricota

Sirva estas panquecas no café-da-manhã, no *brunch* ou como sobremesa. São doces o suficiente para não precisarem de calda.

1 xícara de ricota fresca
1/2 xícara de farinha de trigo integral
1/2 xícara de uvas-passas
2 ovos ligeiramente batidos
1 colher (sopa) de adoçante para cozinhar
1 colher (chá) de canela
1 colher (chá) de extrato de baunilha

Em uma tigela média, misture todos os ingredientes e mexa bem. Aqueça uma frigideira antiaderente em fogo alto, ligeiramente untada com óleo de canola. Espalhe 1 colher (sopa) de massa, a cada vez, na frigideira. Quando a parte de baixo da panqueca dourar, vire-a e frite-a do outro lado até ficar cozida – mas cuidado para que ela não resseque demais. Rende **4** porções.

### Análise nutricional
Cada porção contém 1 porção de amido; 1 de proteína magra e 2 gramas de fibras.

# Tortilla matinal

Esta deliciosa receita mexicana é uma excelente opção para o café-da-manhã: satisfaz e dá ânimo para começar bem o dia.

1 batata média, descascada e em cubinhos
1 colher (sopa) de azeite
1 cebola pequena picadinha
1 colher (chá) de páprica
2 ovos batidos
1/2 xícara de queijo meia cura (ou prato) com pimenta
2 tortillas de milho (ou pão sírio aberto ao meio)
1/3 de xícara de molho de tomate

Em uma tigela pequena, ponha a batata para cozinhar na potência máxima do microondas por 3 minutos. Aqueça o azeite em uma frigideira média e refogue a batata e a cebola até a cebola ficar macia. Acrescente a páprica e cozinhe até que a batata esteja cozida. Adicione os ovos e o queijo e mexa com freqüência, para evitar que queime.

Cubra as tortillas com um pano úmido e aqueça-as no microondas na potência alta por 45 segundos.

Coloque metade do recheio em cada tortilla. Cubra com o molho de tomate e enrole-as. Rende **2** porções.

### Análise nutricional

Cada porção contém 2 porções de amido; 2 de proteína com teor médio de gordura; 3 de gordura; 4 gramas de fibras.

# Muffins de linhaça

Prepare um destes muffins deliciosos e terá uma combinação perfeita para o humor.

1 xícara de uvas-passas
1/2 xícara de farinha de trigo
1/2 xícara de farinha de trigo integral
1/2 xícara de nozes picadas
3 colheres (sopa) de linhaça moída
1/3 de xícara de adoçante para cozinhar
2 colheres (sopa) de açúcar
1 1/2 colheres (chá) de fermento em pó
1/2 colher (chá) de bicarbonato de sódio
1 pitada de sal
2 ovos grandes
1/2 xícara de iogurte desnatado diet (de baunilha ou com sabor de fruta)
2 colheres (sopa) de óleo de canola

Preaqueça o forno a 200°C.

Em uma tigela média, misture as passas, as farinhas, as nozes e a linhaça, o adoçante, o açúcar, o fermento, o bicarbonato e o sal. Em uma tigela grande, misture os ovos, o iogurte e o óleo; acrescente os ingredientes secos e misture com as mãos até a farinha estar bem incorporada.

Divida a massa em 12 porções e leve para assar em uma assadeira própria para muffins, ou em formas de empada, por 20 a 25 minutos, até que, ao enfiar um palito de dentes, este saia limpo. Rende **12** muffins.

### Análise nutricional
Cada muffin contém 1 porção de amido; 1 1/2 de gordura; 3 gramas de fibras.

## Suflê de chocolate

Este doce é um verdadeiro pecado – perfeito para as ocasiões especiais. Para um toque ainda mais refinado, use formas de suflê individuais.

2 1/2 xícaras de manteiga sem sal
90 g de chocolate meio amargo
2 ovos grandes, separados, e 2 claras de ovos grandes, à temperatura ambiente
1 colher (sopa) de açúcar
1 colher (sopa) de adoçante para cozinhar, ou mais, se desejar
2 colheres (chá) de essência de baunilha
1 xícara de morangos

Preaqueça o forno a 180°C. Unte 4 formas de suflê com spray para untar sem gordura.

Derreta a manteiga e o chocolate no microondas e deixe esfriar até ficar na temperatura ambiente.

Em uma tigela grande, bata as 4 claras até que formem picos; acrescente o açúcar e o adoçante e bata até incorporá-los. Em uma tigela média, bata as 2 gemas e a mistura de chocolate. Acrescente a baunilha. Despeje a mistura de chocolate sobre as claras.

Divida a massa entre as formas de suflê e asse-a por 12 a 15 minutos, até que o exterior fique cozido, mas a parte interna esteja macia.

Enquanto os suflês assam, bata 2/3 de xícara de morangos no liquidificador. Acrescente 1 ou 2 colheres (chá) de adoçante, se desejar uma calda mais doce.

Ao servir, espalhe a calda sobre os suflês e decore com os morangos reservados. Rende **4** porções.

### Análise nutricional

Cada porção contém 1/2 porção de fruta; 1 de proteína com teor médio de gordura; 2 de gordura, 2 colheres (chá) de açúcar embutido; 4 gramas de fibras.

# Nuvens de chocolate e pecã

Como todos os biscoitos macios, é melhor assar estes quando o clima não estiver úmido. Espere até que estejam completamente frios para retirá-los do papel-manteiga. Às vezes, é necessário virar os biscoitos para conseguir soltá-los.

3 claras de ovos grandes à temperatura ambiente
1 xícara de adoçante para cozinhar
1 colher (chá) de vinagre
1/2 colher (chá) de sal
4 colheres (sopa) de cacau em pó
1 xícara de pecãs picadas
1 colher (sopa) de canela em pó

Preaqueça o forno a 135°C.

Em uma tigela grande, bata as claras até ficarem espumosas. Acrescente o adoçante, o vinagre, o sal e 2 colheres (sopa) de cacau em pó. Continue batendo até que as claras fiquem em neve. Junte as pecãs e misture suavemente.

Coloque a massa às colheradas sobre uma assadeira coberta com papel-manteiga e asse por 30 minutos. Vire os biscoitos, diminua a temperatura do forno para a mínima e asse por mais 20 minutos. Polvilhe-os com o cacau restante e a canela. Rende aproximadamente **36** biscoitos.

### Análise nutricional
2 biscoitos contêm 1 porção de gordura; 1 grama de fibras.

# Muffins de chocolate e damascos com abóbora

Todos sabem que a parte mais gostosa do muffin é o topo. Esta receita, ótima para o lanche ou uma sobremesa deliciosa, rende muffins grandes que não desperdiçam nada da massa – e de quebra ainda conferem muito bom humor.

1/2 xícara de farinha de trigo integral
1/2 xícara de farinha de trigo
1/2 xícara de adoçante para cozinhar
1/2 xícara de damascos secos
1/2 xícara de nozes picadas
120 g de chocolate meio amargo picado
2 colheres (sopa) de açúcar
1/2 colher (chá) de fermento
1/2 colher (chá) de bicarbonato de sódio
1 pitada de sal
2 ovos grandes ligeiramente batidos
1/2 xícara de abóbora cozida
1/2 xícara de iogurte diet sabor baunilha
2 colheres (chá) de essência de amêndoa

Preaqueça o forno a 200ºC. Em uma tigela média, misture as farinhas, o adoçante, os damascos, as nozes, o chocolate, o açúcar, o fermento, o bicarbonato e o sal. Em uma tigela grande, misture os ovos, a abóbora, o iogurte e a essência; junte os ingredientes secos e amasse bem com as mãos até que os ingredientes secos estejam incorporados. *Não amasse demais!*

Divida a massa em 12 porções iguais e disponha-as sobre uma assadeira coberta com papel-manteiga. Asse por 15 minutos, até que, ao enfiar um palito de dente, este saia limpo. Rende **12** muffins.

### Análise nutricional
Cada muffin contém 1 1/2 porção de amido; 1 1/2 de gordura; 3 gramas de fibras.

## Tortinhas de chocolate com morango

Vamos esquecer que existe culpa e curtir estes doces maravilhosos!

90 g de chocolate meio amargo
1 1/2 xícara de iogurte diet sabor baunilha
1 1/2 xícara de morango
folhas de hortelã frescas

Derreta o chocolate no microondas na potência baixa. Coloque-o em 6 forminhas de empada. Leve-as à geladeira até o chocolate endurecer. Desenforme com cuidado.

Para servir, coloque uma colher de iogurte em cada tortinha, cubra com morango e decore com as folhinhas de hortelã. Rende **6** porções.

### Análise nutricional
Cada porção contém 1/2 porção de leite; 1/2 de fruta;
1 de gordura; 2 gramas de fibras.

# Brownies

Ninguém deveria ser obrigado a passar sem brownies – essa não é uma maneira de viver bem-humorado!

1 xícara de pasta de ameixa (veja receita na página seguinte)
4 ovos grandes
250 g de chocolate meio amargo derretido e resfriado
1/4 de xícara de manteiga light para untar
2 colheres (sopa) de essência de baunilha
2 xícaras de farinha de trigo
2 xícaras de adoçante para cozinhar
1/4 de xícara de cacau em pó
1 colher (sopa) de fermento em pó
1/2 colher (chá) de sal

Preaqueça o forno a 180°C. Unte uma forma quadrada de 20 cm com spray para untar.

Em uma tigela grande, misture a pasta de ameixa, os ovos, o chocolate, a manteiga e a baunilha. Em uma tigela média, misture a farinha, o adoçante, o cacau, o fermento e o sal. Acrescente os ingredientes secos aos molhados e misture bem.

Despeje a massa na assadeira e leve para assar por 30 a 40 minutos, ou até que, ao enfiar um palito de dente, este saia limpo. *Não asse demais*.

Rende **16** brownies.

### *Análise nutricional*
Cada brownie contém 2 porções de amido; 2 de gordura; 3 gramas de fibras.

## Pasta de ameixa

2 xícaras de ameixas secas
1/2 xícara de água

Em uma panela pequena, leve as ameixas e a água para ferver por aproximadamente 30 minutos, até que as ameixas fiquem macias.

Bata as ameixas no liquidificador até obter uma pasta.

## Damascos recheados

16 damascos secos
16 amêndoas sem sal torradas
60 g de chocolate meio amargo picado
1/2 xícara de amêndoas finamente picadas

Com a ponta afiada de uma faca, faça uma pequena incisão em cada damasco e insira 1 amêndoa.

Derreta o chocolate no microondas na potência baixa. Mergulhe o lado cortado de cada damasco no chocolate e depois passe-o pelas amêndoas picadas. Deixe os damascos sobre uma folha de papel-manteiga até que o chocolate endureça. Rende **8** porções.

---

*Análise nutricional*
2 damascos recheados contêm 1 porção de fruta;
2 de gordura; 3 gramas de fibras.

# Creme de baunilha

Se não tiver favas de baunilha, dobre a quantidade de extrato de baunilha.

2 favas de baunilha
1 litro de leite semidesnatado
4 ovos grandes batidos
1/3 de xícara de açúcar
1/3 de xícara de adoçante para cozinhar
1/2 colher (chá) de extrato de baunilha
1/2 colher (chá) de canela em pó
1/2 colher (chá) de noz-moscada em pó
1/2 colher (chá) de sal
450 g de morangos (ou amoras)

Corte as favas de baunilha ao meio e raspe as sementes sobre o leite. Depois, acrescente as favas ao leite e aqueça-o em uma panela sob fogo médio até levantar fervura. Tire a panela do fogo e remova as favas. Deixe esfriar.

Preaqueça o forno a 180°C.

Quando o leite tiver esfriado, acrescente os ovos, o açúcar, o adoçante, o extrato de baunilha, a canela, a noz-moscada e o sal e misture. Divida o creme em 8 forminhas de suflê.

Disponha as formas sobre uma assadeira com água até a metade. Com cuidado, leve-a ao forno e asse o creme por 45 minutos, até dourar. Deixe esfriar e sirva com morangos ou amoras frescos. Rende **8** porções.

### Análise nutricional

Cada porção contém 1/2 porção de leite; 1/2 porção de proteína com teor mínimo de gordura; 1 de gordura; 2 colheres (chá) de açúcar embutido.

# A verdadeira vitamina do bom humor

Depois de provar esta vitamina, você vai achar que vale a pena estar com pressa demais para sentar e comer. Ela serve tanto como um ótimo substituto ocasional para uma refeição quanto como um lanche construtor muscular.

Se o suplemento de proteína de sua escolha já vier adoçado, não adoce. Caso contrário, adicione cerca de 1 envelope de adoçante natural.

1 xícara de leite desnatado

1/2 banana média

14 g de suplemento protéico à base de soro de leite

1 colher (sopa) de pasta de amendoim sem açúcar

1 colher (sopa) de cacau em pó

1 colher (sopa) de suplemento em pó de ômega 3

4 a 6 cubos de gelo

Bata bem todos os ingredientes no liquidificador por 1 minuto. Rende 1 porção.

### Análise nutricional

Cada porção contém 1 porção de leite; 1 de fruta; 3 de proteína com teor mínimo de gordura; 2 de gordura; 5 gramas de fibras.

## Bliss de amoras

Esta vitamina é doce, mas tem um azedinho ótimo!

500 g de amoras frescas
2 colheres (chá) de adoçante natural
1 colher (chá) de gengibre fresco ralado
250 ml de água com gás

Passe as amoras pela centrífuga; cuidado para extrair todo o suco que puder, pois, como é grosso, boa parte fica presa no aparelho. Misture bem o suco, o adoçante e o gengibre numa tigela. Acrescente a água com gás. Divida a bebida em dois copos e sirva. Rende **2** porções.

### Análise nutricional
Cada porção contém 1 porção de fruta; 7 gramas de fibras.

# Mambo de manga

Experimente esta vitamina numa ocasião especial. É perfeita para festas de aniversário.

1 manga fatiada
1 copo de suco de laranja fresco
2 colheres (chá) de adoçante natural
1 colher (chá) de essência de amêndoas
100 ml de água com gás
casca de laranja picada (opcional)

Passe a manga pela centrífuga; cuidado para extrair todo o suco que puder, pois, como é grosso, boa parte fica presa no aparelho. Em uma tigela grande, misture o suco de manga, o de laranja, o adoçante, a essência de amêndoas e a água. Divida em 6 copos de vidro com gelo picado e sirva com a casca de laranja, se desejar. Rende **4** porções.

### Análise nutricional
Cada porção contém 1 porção de fruta; 1 grama de fibras.

## Suco rejuvenescedor

Exatamente aquilo que você esperava... um coquetel rejuvenescedor servido na forma de um suco refrescante!

500 g de frutas vermelhas frescas (amoras, morangos, pitangas etc.)
suco de 1 limão grande (reserve as cascas para decorar)
2 colheres (sopa) de adoçante
450 ml de água com gás
gelo picado

Lave as frutas. Tire os caules e folhas e bata na centrífuga. Cuidado para extrair todo o suco que puder, pois, como é grosso, boa parte fica presa no aparelho. Em uma tigela grande, misture o suco de frutas vermelhas, o suco de limão, o adoçante e a água. Coloque em 2 copos com gelo picado e sirva com as cascas de limão como enfeite. Rende **2 porções**.

### *Análise nutricional*
Cada porção contém 1 porção de fruta; 5 gramas de fibras.

# Viva

Esta vitamina extremamente refrescante dá uma energia incomparável.

2 xícaras de água fervente
1/4 de xícara de folhas de chá verde
1 colher (chá) de capim-limão fresco picadinho
2 xícaras de gelo
2 colheres (sopa) de adoçante

Em uma tigela, despeje a água fervente sobre o chá e o capim-limão; deixe em infusão por 15 a 20 minutos. Coe o chá em uma jarra com o gelo. Misture o adoçante. Deixe na geladeira de um dia para o outro.
Rende 2 porções.

### Análise nutricional
Alimento sem calorias, para curtir sem preocupações.

# Metropolitan

Este drinque adorável fará você se sentir muito melhor, com um toque de sofisticação! Experimente-o na próxima festa ou reunião com os amigos.

suco de 1 grapefruit
suco de 1/2 limão
1/4 de xícara de água com gás
2 colheres (sopa) de suco de romã
gelo picado

Misture os sucos de grapefruit e limão, a água e o suco de romã. Despeje sobre o gelo em dois copos. Rende **2** porções.

### Análise nutricional
Cada porção contém 1 porção de fruta e uma enorme quantidade de bem-estar.

APÊNDICES

# Grupos de alimentos que proporcionam bem-estar

| Grupos alimentares | Descrição | Porção |
|---|---|---|
| **LÍQUIDOS** | | |
| Outros líquidos | Água, refrigerantes sem açúcar etc. | 1 xícara (240 ml) |
| Vinho | O tinto pode ser mais benéfico que o branco | 150 ml |
| **VEGETAIS (SEM AMIDO)** | | |
| Ricos em caroteno | Cenoura, folhas verde-escuras e tomate (crus) Abóbora (cozida) | 1 xícara (crus); 1/2 xícara (cozidos) |
| Família das crucíferas | Acelga, brócolis, couve-de-bruxelas, couve-flor, repolho | 1 xícara (crus); 1/2 xícara (cozidos) |
| Família Allium | Alho, cebola, cebolinha | (sempre cozidos) |
| **FRUTAS CÍTRICAS** | | |
| | Grapefruit | 1/2 fruta grande |
| | Laranja, lima, limão | 1 pequena |
| | Tangerina | 2 pequenas |
| **FRUTAS VERMELHAS** | | |
| | Amora | 1/2 xícara |
| | Morango | 1 xícara |
| **OUTRAS FRUTAS** | | |
| | Abacaxi fresco (ou em lata) | 1/2 xícara |
| | Ameixa | 2 pequenas |
| | Ameixa seca | 3 |

GRUPOS DE ALIMENTOS **QUE PROPORCIONAM BEM-ESTAR**

|  | | |
|---|---|---|
| | Banana | 1 pequena |
| | Cerejas frescas | 12 |
| | Damasco seco | 8 unidades |
| | Figo | 2 médios |
| | Figo seco | 1 |
| | Kiwi | 1 |
| | Maçã | 1 pequena |
| | Maçã seca | 4 rodelas |
| | Mamão papaia | 1 pequeno ou 1 xícara (em cubos) |
| | Manga | 1 pequena ou 1/2 xícara (em cubos) |
| | Melancia | 1 fatia ou 1 1/4 xícara (em cubos) |
| | Melão | 1 fatia ou 1 xícara (em cubos) |
| | Melão cantalupo | 1 xícara (em cubos) |
| | Nectarina | 1 pequena |
| | Pêra | 1 média |
| | Pêra em lata | 1/2 xícara (sem calda) |
| | Pêssego | 1 médio |
| | Pêssego em lata | 1/2 xícara (sem calda) |
| | Tâmara seca | 3 |
| | Uva-passa | 2 colheres (sopa) |
| | Uvas | 17 pequenas |
| Sucos | Abacaxi, laranja, maçã, tangerina, uva etc. | 1/2 xícara |

**AMIDOS, CEREAIS, VEGETAIS COM AMIDO**

| | | |
|---|---|---|
| Amidos | Panqueca e waffle integral | 1 |
| | Pão integral | 1 fatia ou 30 g |
| | Tortilla de milho ou trigo | 1 |
| Cereais matinais | Cereais cozidos e mingaus (arroz, aveia, milho, etc.) | 4 colheres (sopa) |
| | Cereal matinal de trigo | 4 colheres (sopa) |
| | Cereal matinal light | 8 colheres (sopa) |
| Arroz | Arroz integral (preferível) ou branco cozidos | 3 colheres (sopa) |
| Massas | Macarrão e cuscuz marroquino (semolina) | 3 colheres (sopa) |

| Vegetais | Abóbora | 8 colheres (sopa) |
|---|---|---|
| | Batata média cozida | 1 |
| | Batata pequena assada com casca | 1 |
| | Ervilhas | 4 colheres (sopa) |
| | Batata-doce, inhame | 4 colheres (sopa) |
| | Milho cozido | 1 espiga grande |
| | Milho cozido em grãos | 4 colheres (sopa) |
| | Purê de batatas | 4 colheres (sopa) |
| Outros | Barra de arroz | 1 barra média |
| | Bolhachas tipo cracker integral | 2 a 5 |
| | Pão ázimo | 20 g |
| | Pipoca | 3 xícaras |
| | Tortilla chips (assada) | 15 a 20 |

**LEITE DESNATADO E SEMIDESNATADO, LATICÍNIOS**

| (0 a 1% de gordura) | Leites: de soja, desnatado, semidesnatado, fortificado (incluídos no cálculo da ingestão diária de líquidos) | 240 ml (1 xícara) |
|---|---|---|
| | Iougurte desnatado aromatizado (com adoçante, se preferir) | 2/3 de xícara |
| | Iogurte natural (com adoçante, se preferir) | 2/3 de xícara |

**PROTEÍNA COM TEOR MÍNIMO DE GORDURA**

| Frango | Carne branca de frango ou peru (sem pele) | 30 g |
|---|---|---|
| Peixes | Atum (fresco ou enlatado em água), bacalhau, linguado, salmão defumado, truta | 30 g |
| Frutos do mar | Camarão, caranguejo, lagosta, mariscos, ostras | 30 g |
| Caça | Avestruz, pato ou faisão sem pele, veado | 30 g |
| Laticínios | Queijo com menos de 1g de gordura a cada 30 g | 30 g |
| | Queijo cottage (desnatado ou light) | 2 colheres (sopa) |
| | Queijo light | 30 g |

## GRUPOS DE ALIMENTOS QUE PROPORCIONAM BEM-ESTAR

| | | |
|---|---|---|
| Outros | Frios com menos de 1 g de gordura a cada 30 g: como presunto, peito de peru etc. | 30 g |
| | Claras de ovos | 2 |

### LEGUMINOSAS (1 PORÇÃO DE PROTEÍNA E 1 PORÇÃO DE AMIDO)

| | | |
|---|---|---|
| | Feijão: jalo, preto, roxinho, etc.; grão-de-bico, lentilha, proteína de soja (cozidos) | 1/2 xícara |
| | Soja | 1/4 de xícara |

### PROTEÍNAS MAGRAS

| | | |
|---|---|---|
| Aves | Carne escura (sem pele) | 30 g |
| Frutos do mar | Atum (enlatado em óleo e drenado), badejo, salmão, surubim | 30 g |
| | Sardinhas (em lata) | 2 médias |
| | Ostras | 6 médias |
| Laticínios | Queijo cottage (4,5% de gordura) | 1/2 xícara |
| | Parmesão ralado | 2 colheres (sopa) |
| | Queijo (menos de 3 g de gordura a cada 30 g) | 30 g |
| Carne bovina e caças | Carnes sem a gordura: acém, alcatra, bisteca, chuleta, coxão mole, coxão duro, filé mignon, picanha | 30 g |
| | Vitela | 30 g |
| | Coelho, ganso (sem gordura) | 30 g |
| Carne Suína | Lombo, lombo canadense, pernil, presunto defumado | 30 g |
| Cordeiro | Perna (assada) | 30 g |
| Outras | Frios (com menos de 3 g de gordura a cada 30 g) | 30 g |

### PROTEÍNAS COM TEOR MÉDIO DE GORDURA

| | | |
|---|---|---|
| Aves | Frango (carne escura com pele); frango frito (com pele) | 30 g |
| Frutos do mar | Qualquer fruto do mar frito | 30 g |
| Laticínios | Queijo (com menos de 5 g de gordura a cada 30 g) | |

|  |  |  |
|---|---|---|
|  | Queijo fresco, mussarela | 30 g |
|  | Ricota | 2 colheres (sopa) ou 55 g |
| Carne bovina | A maioria das formas de carne se encaixam nessa categoria (bife, carne moída, bolo de carne, carnes salgadas, costela assada) | 30 g |
|  | Medalhão de vitela | 30 g |
| Carne suína | Bisteca, costeleta | 30 g |
| Cordeiro | Costeleta, carne moída | 30 g |
| Outras | Ovo (inteiro) | 1 |
|  | Lingüiça (com menos de 5 g de gordura a cada 30 g) | 30 g |
|  | Tofu | 1/2 xícara (115 g) |

## PROTEÍNAS COM ALTO TEOR DE GORDURA

|  |  |  |
|---|---|---|
|  | Todos os queijos amarelos: prato, meia cura, cheddar, gouda etc. | 30 g |
|  | Pasta de amendoim | 1 colher (sopa) |
| Óleos e gorduras | Azeite; óleos de canola, milho, girassol, soja, gergelim, amendoim | 1 colher (sopa) |
| Azeitonas | Azeitonas pretas | 8 grandes |
|  | Azeitonas verdes recheadas | 10 grandes |
| Castanhas, nozes e sementes | Amêndoas, castanhas de caju | 6 unidades |
|  | Amendoins | 10 unidades |
|  | Pecãs, nozes | 2 unidades |
|  | Sementes de abóbora, gergelim ou girassol | 1 colher (sopa) |
|  | Tahine (pasta de gergelim) | 2 colheres (sopa) |
| Molhos para salada | Maionese (ou maionese de soja) light | 1 colher (sopa) |
|  | Maionese (ou maionese de soja light) | 1 colher (sopa) |
|  | Molho para salada light | 2 colheres (sopa) |
| Laticínios | Cream cheese | 1 colher (sopa) |
|  | Cream cheese light | 1,5 colheres (sopa) |
|  | Creme de leite | 2 colheres (sopa) |
|  | Creme de leite light | 3 colheres (sopa) |
| Outros | Abacate médio | 2 colheres (sopa) ou 55 g |

## GRUPOS DE ALIMENTOS QUE PROPORCIONAM BEM-ESTAR

**PEIXES E FRUTOS DO MAR (RICOS EM ÔMEGA 3)**

Anchova, sardinha, linguado, 30 g
cavala, atum, bacalhau, salmão,
arenque, truta, camarão, ostras,
mariscos, caranguejo, lagosta

**AÇÚCAR ADICIONADO**

Eliminar o açúcar nas duas primeiras semanas
Evitar xarope de milho, mel e melado
Leia a seguir *O açúcar embutido nos alimentos industrializados*

**SUPLEMENTOS**

Proteína isolada do soro do leite (em pó)  14 g
Semente de linhaça moída  1 a 2 colheres (sopa)

# O açúcar embutido nos alimentos industrializados

Procuramos avaliar produtos variados em cada categoria, com base no preço e no uso de ingredientes naturais. Os valores foram calculados comparando a quantidade de açúcar presente naturalmente nos alimentos à quantidade de açúcar embutido, que se encontra na tabela de informações nutricionais dos alimentos industrializados.

Você pode fazer o mesmo, comparando a quantidade de açúcar de certos produtos com a versão sem açúcar desses mesmos alimentos. É possível encontrar produtos com uma quantidade de açúcar maior ou menor que a listada aqui; esses são valores médios.

Procure conferir as informações nutricionais dos produtos antes de comprá-los.

Observe a relação da página seguinte. Você ficará surpreso com a quantidade de açúcar embutido em certos produtos. Destacamos algumas surpresas com o ícone ++, com o objetivo de alertar para a quantidade "oculta" de açúcar em alguns produtos que consumimos.

O AÇÚCAR EMBUTIDO NOS **ALIMENTOS INDUSTRIALIZADOS**

| Alimento | Porção | Colheres (chá) de açúcar embutido |
|---|---|---|
| Arroz integral | 1/2 xícara | 0 |
| Aveia instantânea com açúcar cozida | 1 xícara | 1 a 4 |
| Aveia instantânea sem açúcar cozida | 1 xícara | 0 |
| Barras de cereal | 1 barra | 2 a 5 ++ |
| Biscoito tipo cracker | 30 g | 0 a 3 ++ |
| Calda de chocolate | 2 colheres (sopa) | 4 a 5 |
| Catchup | 2 colheres (sopa) | 2 |
| Catchup light | 1 colher (sopa) | 0 |
| Cereais matinais com açúcar | 1 xícara | 1 a 5 (ou mais) |
| Cereais matinais sem açúcar | 1 xícara | 0 |
| Chocolate quente adoçado | 1 xícara | 3 |
| Croûtons (torradinhas) | 30 g | menos de 1 |
| Frutas enlatadas em calda | 1/2 xícara | 2 |
| Frutas enlatadas em calda light | 1/2 xícara | 1 |
| Geléia, gelatina | 1 colher (sopa) | 0 a 3 |
| Iogurte | ½ xícara | 0 a 8 ++ |
| Isotônicos | 1 xícara | 3 a 6 ++ |
| Leite | 1 xícara | 0 |
| Leite aromatizado | 1 xícara | 4 |
| Maionese | 2 colheres (sopa) | 0 |
| Mel | 1 colher (sopa) | 4 |
| Melado | 1 colher (sopa) | 3 a 4 |
| Molho de tomate | ½ xícara | 1 a 2 ++ |
| Molho para salada | 2 colheres (sopa) | 1/2 a 2 ++ |
| Mostarda | 1 colher (sopa) | 0 |
| Mostarda temperada | 1 colher (sopa) | 1/2 ++ |
| Pão de forma | 1 fatia | 0 a 1 ++ |
| Pasta de amendoim | 2 colheres (sopa) | 1 |
| Picles | 30 g | 0 a 2 ++ |
| Picles de pepino | 1 colher (sopa) | 1 |
| Refrigerante | 350 ml | 10 |
| Refrigerante diet | 350 ml | 0 a 2 |
| Suco de frutas com açúcar | 1 xícara | 1 a 3 |
| Suco de frutas sem açúcar | 1 xícara | 0 |
| Uva-passa | 1/4 de xícara | 0 |
| Xarope de milho | 2 colheres (sopa) | 3 a 4 |

1 colher de chá = **4 g de açúcar**

**Fotografia dos autores:**
Will Austin (Susan Kleiner)
Richard A. Huston (Bob Condor)

**Emagreça com bom-humor** foi impresso
em São Paulo/SP pela Oceano Indústria Gráfica, para a
Larousse do Brasil, em janeiro de 2008.